U0582482

汉语言文学现代化
建设实践研究

李瑞萍 ◎ 著

中国书籍出版社
China Book Press

图书在版编目（CIP）数据

汉语言文学现代化建设实践研究 / 李瑞萍著 . -- 北京 : 中国书籍出版社 , 2023.12

ISBN 978-7-5068-9686-3

Ⅰ . ①汉… Ⅱ . ①李… Ⅲ . ①汉语—语言学—教学研究 Ⅳ . ① H19

中国国家版本馆 CIP 数据核字 (2023) 第 233743 号

汉语言文学现代化建设实践研究

李瑞萍　著

图书策划	成晓春	
责任编辑	毕　磊	
封面设计	博健文化	
责任印制	孙马飞　马　芝	
出版发行	中国书籍出版社	
地　　址	北京市丰台区三路居路 97 号（邮编：100073）	
电　　话	（010）52257143（总编室）　（010）52257140（发行部）	
电子邮箱	eo@chinabp. com. cn	
经　　销	全国新华书店	
印　　刷	天津和萱印刷有限公司	
开　　本	710 毫米 ×1000 毫米　1/ 16	
字　　数	200 千字	
印　　张	12	
版　　次	2024 年 5 月第 1 版	
印　　次	2024 年 5 月第 1 次印刷	
书　　号	ISBN 978-7-5068-9686-3	
定　　价	78.00 元	

前　言

　　中华文化历经了数千年的历史发展，具有博大精深、源远流长的特点。汉语言文学在漫长的历史演变中已经成为历史文化的结晶，拥有着深刻而广泛的文学内涵与艺术价值。汉语言文学在历史发展中独具民族特色，对中华文明的形成和发展具有重要意义，对中国传统文化的继承和弘扬也具有重要贡献。语言作为人们交流信息的工具，在人类社会实践中发挥着重要的作用。研究汉语言文学不仅能为语言的发展提供理论支撑，还能为人类探索语言文学注入新鲜的力量。

　　随着人类社会实践向纵深方向发展，汉语言文学的各个层面也应与时俱进。基于此，本书在参阅大量相关著作文献的基础上精心策划并撰写而成，以期不断丰富、完善汉语言文学理论的研究内容，推动汉语言文学理论的发展。

　　自改革开放以来，我国经济得到了极其迅猛的发展。伴随着经济的快速发展，我国在汉语言文学方面取得了比较显著的成就。众所周知，汉语言文学是我国文学的重要组成部分，对于我国文学的发展起着至关重要的作用，同时，它也是我国优秀的传统文化，如何不断地发展、创新我国汉语言文学是目前我国面临的主要问题之一。现如今，随着我国经济的快速发展，人们的文化水平有了显著的提高，在我国各大高校，汉语言文学专业很早便作为重要的专业开展起来，并为中国的文学事业输入了大量的人才。近年来，随着市场经济的不断调整，经济发展状况和教育理念也有了不同程度的改变，传统形式的汉语言文学人才培养方式已远不能满足现代教育，在新的语言文学形势下应该如何培养出新时代文学人才，更好地传播中国传统文化及推动中国汉语言文学的发展已经成为各大高校所面临的共同问题。

　　本书第一章为汉语言文学概述，分别介绍了语言的相关概念、现代汉语概说、汉语言文学的发展研究、中国现代文学概述四个方面的内容。第二章为汉语言文学专业人才培养与教学研究，主要介绍了三个方面的内容，依次是汉语言文学专业人才培养的思路与实践、汉语言文学与人文素质教育、汉语言文学教学改革与创新研究。第三章汉语言文学教学手段现代化建设，分别介绍了三个方面的内容，依次是新媒体环境下关于古代文学教学的思考、新媒体环境下当代文学教学研究、新媒体视野下汉语类教学研究。第四章为当前高校中国古代文学课程教学的多维思考，依次介绍了近 30 年中国古代文学教学研究综述、新时期中国古代文学课程教学方法新探、中国古代文学教学的当代视野与网络资源利用三个方面的内容。第五章为新时期高校文化类课程的教学发展，主要介绍了四个方面的内容，分别是以学生为主体的高校写作学课程教学模式建构、对比较文学课程教学的反思、汉语言文学存在方式的转型探析、汉语言文学发展的困境与机遇。

在撰写本书的过程中，作者得到了许多专家学者的帮助和指导，参考了大量的学术文献，在此表示真诚的感谢！本书内容系统全面，论述条理清晰、深入浅出。由于作者水平有限，加之时间仓促，本书难免存在一些疏漏，在此，恳请同行专家和读者朋友批评指正！

李瑞萍

2023 年 5 月

目录

第一章 汉语言文学概述

本章为汉语言文学概述，由浅入深地论述了汉语言的构成及相关内容，分别介绍了语言的相关概念、现代汉语概说、汉语言文学的发展研究、中国现代文学概述四个方面的内容。

第一节 语言的相关概念

一、语言与共同语

（一）语言

要想学习现代汉语，首先应了解什么是语言。

有人认为，语言就是我们说的话。这个观点虽然有一定的道理，但是并不准确。这个观点只考虑了语言在日常生活、工作中的运用，以及语言与人类千丝万缕的联系，并没有从根本上回答"什么是语言"这个关键问题。

我们应从社会功能和内部结构这两个不同的角度来观察、认识语言的概念。

从社会功能的角度来看，语言是人类最重要的交际工具。

人类是高度社会化的物种，在社会生活中需要相互沟通、交流思想。因此，人类在社会生活中创造了语言，并将语言作为表达和接受思想的工具。语言是人类相互联系的桥梁，没有语言，人与人之间就无法沟通，人类社会就如同一盘散沙。

语言还是人类思维的物质形式。思维不可能离开语言而独立存在。虽然人类的语言多种多样，但是人类的思维形式一定会与某种语言形式相联系。这是因为，思维离不开具体的概念，思维必须在概念的基础上进行判断、推理以及综合分析，必然会运用与概念相联系的语言。由此可见，思维活动以及思维活动成果的传递和表达都离不开语言。哪里有思维活动，哪里就有语言。

社会是一个整体，由经济基础和上层建筑两部分组成。语言作为社会的产物，有一种独特的现象。语言的发展受到社会的限制，它随着社会的产生而产生、随社会演变而不断发展，也因社会的衰退而逐渐消失。可以看出，语言始终与人类社会息息相关，社会中的一切变化都反映在语言中。可以说，语言的本质特性就是社会性。语言的社会性体现在以下几个方面。

第一，不同语言存在于不同的民族。作为区分不同民族的重要标志——语言，其形式的差异是各个民族选择不一样的语言形式来表达某种意义的结果。语言是由一个民族的成员集体创造的，民族的全体成员在人际交往的过程中应共同遵守其使用规范。

第二，同一个民族的语言具有不同的地方色彩。现代汉语中的湘方言、粤方言、闽方言、吴方言等具有的不同特点，尤其是语音的差别。

第三，语言跟随社会的发展演变而发展、变化，不具备社会性质的事物对社会的发展变化不可能具备这样的敏感度。例如，随着电视、电影、电脑、光盘这些新事物的出现，语言中也相应地增加了"电视""电影""电脑""光盘"这些新词以适应社会需求；而山峦、河流、植物等事物则不会因社会发展而做出改变。

第四，虽然人类具有使用语言的能力，但是人类必须经过学习才能掌握某种语言。语言的习得与社会密切相关，如一个在美国长大的中国人能熟练地运用英语，或者一个在中国长大的非洲孩子能熟练地运用汉语就是由社会环境造成的。

从构成特点来看，语言是一套形音义结合的符号系统。符号通常是代表某种特定事物的标记或标志。而语言符号则是一种有特定意义的标记和记号，这种标记和记号是由社会所有成员所共同约定的。

符号必须具备三个条件：一是具有外在的形式。符号只有具有外在的形式才能让人感知到它的存在，如声音、色彩、线条等。二是代表一定的意义。符号只有在代表了一定的意义时才有存在价值。三是得到社会成员的认可接受。符号只有在得到所有社会成员认可的情况下才能传播开来，才能在全社会中广泛使用。例如，教师在学生的作业本上打一个"√"表示正确，打一个"×"表示错误，此时的"√""×"具备符号的三个构成条件，是真正意义上的符号；学生在教科书上随意画的"√""×"，由于不具备符号的三个构成条件，不属于符号。

语言符号与一般符号之间存在很多区别。第一，语言符号是声音和意义的结合体。"音"是语言符号的物质表现形式，"义"是语言符号的内容，只有音和义相结合才能指称现实现象，构成语言的符号。第二，一般符号的构成比较简单，而语言符号的构成非常复杂，可以分为音位层和符号层，每一个层次都包括相当数量的符号单位。第三，常用符号构造简单易懂，所以只可以表达有限的内容，并且这种内容是固定的、简单的。例如，交通信号灯的指示，红灯亮起，意味着需要停车等待通过，绿灯亮起，意味着可以继续行驶；在古时的战争中，击鼓代表进攻，鸣金则表示撤退收兵；烽火台上的火烟表示敌人正在逼近；现代军营常常用号声表示休息、起床等。相比之下，语言符号的表达意义更加丰富多样，它能够表达人类各种复杂的思想和情绪。第四，语言符号的机制能够以少驭多，并拥有生成新结构的能力，具有生成性和开放性的特点，可以由较少的单位组合成较多的甚至无穷的单位，还可以由一个句型类推出无数的句子，这也是我们能够通过学习来掌握一门语言的原因。可以说，以少驭多是语言符号的核心。

根据上述内容，我们可以总结出：语言是人类最重要的交际工具和思维工具，是社会成员共同约定创造的、音义结合的符号系统，是人类社会特有的现象，是高度社会化的产物。

（二）共同语

同一个事物在不同地区有不同的名称，如土豆又叫"马铃薯""山药蛋"，玉米又叫"苞谷""棒子""珍珠米"，卷心菜又叫"圆白菜""莲花白"等。职业的分工也会形成一些特殊的词语，如军事中的"战争""战役"，体育中的"扣篮""灌篮"等。

在方言的基础上发展出来的一个民族或国家通用的语言被称为共同语。随着社会地域隔阂的打破，国家逐渐走向统一，共同语应运而生，它是一种语言的高级形式，具有统一的标准和规范，并为人们所广泛遵循。我们现在使用的普通话就属于共同语。

人类社会在不断地发展，当社会发生分化，语言也会发生分化；当社会高度统一，语言也会统一。在一个统一的社会，地域方言或语言间的分歧会妨碍人们在全社会范围内进行交际。例如，一个说粤方言的人和一个说闽方言的人，彼此都完全听不懂对方说的话。这种状况不利于巩固社会统一，也不利于经济文化建设。因此，人们需要以共同语作为交际的中介语。共同语是为了顺应社会需求而出现的，是一个国家或民族发展到一定阶段的必然产物。

共同语作为语言的一种高级形式，具有特殊的地位。推广民族共同语，是为了消除方言之间的隔阂，而不是为了禁止和消灭方言。因此，方言和共同语会在较长一段时期内共存。方言是地域文化的载体，在一定的地域范围内具有较大的影响。虽然方言不能用人为力量消除，但随着社会政治、经济、文化的演进，它的影响力将逐渐削弱，其使用范围也会逐步缩小。

二、语音

（一）语音及其性质

我们在和别人交往的时候，免不了要使用语言来交流。人与人之间能够在口头上的交流都是语音的功劳。语音是什么？它有哪些特点？如何学习普通话语音？下面将主要解答这三个问题。

语音串按照一定的规律组合排列，并且代表着一定的意义内容。我们的听觉会感知到语音声波，然后大脑会翻译这些语音，将感知到的语音还原为语句，使我们能够理解别人说话的内容。在这个过程中，语音起到了至关重要的联系作用。

语音是由人的发音器官发出的声音，代表一定的意义，是语言得以存在的物质形式。也就是说，语音是语言的寄托，是语言的外表。世界上的任何事物，都是由形式和内容两个方面构成的。内容是事物存在的依据，形式是事物的外在显示。物质世界千姿百态，每种事物都有自己的形式。通过这些多姿多彩的形式，我们才能感知事物的存在，才能区分不同的事物。

需要注意的是，不同的语音所表达的意义不相同。因此，我们在说话时要正确地使用语音，否则就不能准确地表达我们的思想，引起他人的误解。

认识语音，首先要认识语音的基本特点。语音具有物理性质、生理性质和社会性质这三种属性。

1.语音的物理性质

自然界的各种声音是由物体自身振动而形成的，这个振动的物体就是发声体。发声体振动会带动物体周围的传声介质发生振动，从而形成声波传入我们的耳朵，引起听觉神经的反馈。我们可以用水波来比喻声波，当我们向平静的水面投掷一块石头时，水面会出现一圈圈的波纹，并迅速向四周扩散，离中心越远的波纹越弱。声音也是这样，我们听到的声音大小同我们与发声体的距离有很大关系。

每种声音都有长短、强弱、高低、品质。我们可以通过音调、音强、音色这三个要素来具体认识语音的物理特点。

（1）音调

音调指声音的高低，由发声体振动的频率决定。发声体振动的频率越高，音调就越高。例如，在相同的时间内，一个物体的振动频率是100次，另一个物体的振动频率是60次，那么振动100次的物体就比振动60次的音调高。汉语的声调就是由音调变化形成的，由此可见，音调具有区别意义的作用。语音的音调不同于音乐的音调，语音的音调是指相对音调，是一个人的发声体在特定频率范围内的音调；而音乐的音调是指绝对音调，如在合唱时，无论男女老幼，所有人的音调必须一致。

（2）音强

音强是指声音的强弱，由发声体振动的幅度（振幅）和声源的距离决定。音强与发音的振幅有关系，振幅越大，声音就越强；振幅越小，声音就越弱。人和声源的距离越小，音强越大。在声音嘈杂的场所，我们需要用力说话才能使他人听到说话的内容；在不想让除听话人以外的人听到说话内容时，则会对听话人耳语。词语和语句中的轻重音就是由音强决定的。

我们要注意区分音调和音强。音调取决于物体的振动频率，即在单位时间内物体振动的次数。音强取决于声波振动的幅度和距离，振幅越大、距离越近，声音就越强。例如，音乐中的中音 5 和中音 1，是发音时的振动频率不同，不是振幅的强弱变化。

（3）音色

音色是指声音的特色，也称"音质"。声音的特色是由声波振动的形式决定的，不同的发声体、发声方法、共鸣器的形状，会形成不同的音色。例如，琵琶和二胡的音色不同，是因为它们的发音方法不同，琵琶是手指弹拨，二胡是使用弓摩擦弦发声。语音中的音素 i 和 a 都是口腔发音，但是不同的人的声带、口腔的开口度、共鸣器的形状不同，于是就发出了不同音色的声音。正是因为音色不同，我们才能根据声音判断出是谁在说话。

声纹学就是在语音物理性质的基础上建立起来的，其成果已经在现实生活中得到应用。由于人体结构的差异，每个人的音色都不一样，就像人的指纹一样，具有独特性。通过一个人的音色，甚至可以判断出他的高矮、胖瘦、年龄、居住地域以及职业等。因此，机器可以通过比较声纹，从数以百万计的人群中找出一个人，这对刑事案件的侦破工作具有非常重大的意义。

2. 语音的生理性质

我们可以通过人体的发音器官来具体认识语音的生理性质。人体的发音器官根据发音功能，可以分为动力部分、发声部分和调节部分。

动力部分主要由肺和气管等呼吸器官构成。肺是发音的动力站，气管是输送气流的通道。我们在发音时，肺部的活动使气流经气管呼出，再经喉头、声带、口腔和鼻腔的调节，发出各种不同的声音。

发声部分指喉头以及内部的声带。喉头由几块可以活动的软骨构成，声带由两片富有弹性的薄膜构成。发音时，喉头的软骨会牵引声带，使声带或松或紧，或开或闭，从而发出不同的声音。

调节部分主要指口腔和鼻腔，是发音的共鸣器。口腔中的舌头非常灵活，能够前伸或后缩、平放或上翘，通过改变共鸣器的形状来调节气流，可以形成不同的音素。例如，口腔微开并保持开口度不变，舌头自然平放，发出的音素是 i；舌头略微后缩，双唇拢圆，发出的音素则是 u；口腔大开，发出的音素则是 a。

人体发音器官的构成情况，如图 1-1-1 所示。

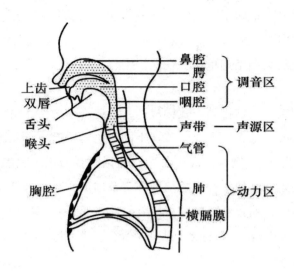

图 1-1-1　人体发音器官图

语音的物理性质和生理性质，合称为语音的自然性质。

3.语音的社会性质

语音的社会性质可以从两个方面来认识：第一，语音具有国家特征，不同国家的语言具有不同的特点。例如，汉语普通话中的 b 和 p 具有不同的作用，如果将 b 读成 p，表达的意思就会完全不同；而在英语中，将 b 读成 p 并不影响语意的表达。由此可见，同样的音素，在不同语言中的作用并不相同。第二，语音具有地方特征。同一种语言，在不同地域中的语音也会存在差异。例如，普通话中有舌尖后音 zh、ch、sh、r，而我国南方地区的诸多方言则没有这些音素。

（二）语音单位

音素是从自然角度划分的最小语音单位，没有辨义作用；音位是从社会性质角度划分的具有区别意义作用的最小语音单位。音素和音位既有区别又有联系。从不同的角度来看，同一个语音单位，既可以是音素，也可以是音位。音位的划分必须以音素为基础，因为在一定的语境中，每个音位必须通过具体的音素形式才能表现出来。例如，普通话中的声母 b、p、m，从自然属性角度看是音素，从社会属性角度看是音位。

音位是对音素的概括和归纳。例如，普通话音节 ya、dai、jian、hao、hua 中的 a，从自然属性角度来看，由于受前后音素的影响，它实际上是五个不同的音素，在国际音标中需要用五个不同的符号来记录。

音节是语音的基本结构单位。在汉语中，我们可以非常容易地通过听觉分辨音节单位。

音节是音素按照一定排列方式构成的，有些音节由一个音素构成，有些音节由元音和辅音构成。音素组合成音节在不同的语言中有不同的方式，这正是语音具有社会属性的反映。例如，现代汉语普通话的音节中，只有鼻辅音 n 和 ng 可以出现在音节末尾，其他辅音只能出现在音节前面，更没有几个辅音连续出现的情况。而在英语中，辅音可以出现在音节前后，如 hat（帽子）、map（地图），几个辅音也可以连续出现，如 stand（站立）、best（最好）。

1. 元音、辅音

根据音素的特点可以将音素分为元音和辅音两大类，我们可以从以下四个方面来具体认识元音和辅音的区别。

第一，受阻情况不同。元音是发音时呼出的气流不受口腔任何部位阻碍而形成的音素，如 a、e、i、o 等。辅音是发音时呼出的气流受口腔某个部位阻碍而形成的音素，如 b、p、d、t 等。

第二，声带振动情况不同。我们在发元音时，声带振动频率高，声音响亮；在发辅音时，声带大多不振动，声音一般不响亮。

第三，气流强弱不同。我们在发元音时的气流较弱，在发辅音时的气流较强。

第四，发音器官状态不同。在发出元音时，发音器官的各个部位均会保持稳定的紧张状态，而在发出辅音时，只有口腔或喉部阻碍的部位会保持紧张状态。

2. 声母、韵母、声调

汉语音节根据其结构特点，一般分为声母、韵母和声调三个部分。

声母是一个音节最前面的辅音音素。例如，音节 kuai、le（快乐）的辅音音素 k、l 就是声母。

韵母是指音节中除声母以外的其他音素，也就是位于声母后面的音素。韵母可以是一个音素，也可以由几个音素组成。例如，音节 kuai、le（快乐）中的 uai 和 e 就是韵母。

声调是表示一个音节高低升降的调子。例如，在 tian、shang（天上）这两个音节中，第一个音节的声调是比较平的平声，第二个音节是从高到低的降调。

在汉语音节中，充当声母和韵母的音素由音质变化形成，是音质成分；声调由音调变化形成，是非音质成分。例如，章 zhang，其声母是 zh，韵母是 ang，声调是阴平调。

普通话中有 21 个辅音声母、39 个韵母、4 个声调。在普通话语音系统中，声母和韵母可以构成 400 余个基本音节，还可以与 4 个声调构成 1300 多个音节，这反映了普通话语音单位组合众多的特点。同一类中的各个单位具有相同的组合功能。例如舌面前辅音声母只有与齐齿呼及撮口呼韵母结合时才发音，而不能与开口呼及合口呼韵母搭配使用；而舌根音声母的情况则刚好相反，只能与开口呼及合口呼韵母组合，不与齐齿呼及撮口呼韵母组合。语音单位的组合构成了语音系统。

三、语汇与语法

（一）语汇

语汇，也叫"词汇"。顾名思义，语汇是一种语言中词和语的总汇，如"汉语语汇""英语语汇""俄语语汇"等。语汇也可以指某一种特定范围的词语的总汇，如"古代汉语语汇""近代汉语语汇""现代汉语语汇"是指汉语的三个不同发展阶段所使用的词语的总汇，"吴方言语汇""粤方言语汇""官话方言语汇"是指现代汉语中三个不同方言的词语的总汇，"鲁迅语汇""老舍语汇""《红楼梦》语汇"是指一个作家或一部作品所使用的词语的总汇。

总之，语汇是一种语言中的词以及语的集合体，单个的词语不能称为语汇。有人常常把语汇和词语混为一谈，用语汇代称词语，如"我不理解这个语汇的意义""读了这部小说我学会了好几个语汇的用法"，这是不正确的。

语汇是语言的重要组成部分，人们平常使用语言进行交际，无论是同时同地的口头交际，还是异时异地的书面交际，都离不开词汇。如果说语言是一座大厦，那么语汇就是构成这座大厦的建筑材料。一个人掌握的语汇越多，对这些语汇的特点就了解得越细致，他在交际时选择词语的空间就越大，语言表达也就越生动。

古今中外的著名作家，之所以能够写出动人的篇章，就是因为他们掌握了丰富的语汇材料。

（二）语法

语言作为社会成员相互表达思想的媒介，如果没有一套大家共同遵守的规则，语言单位组合就会出现五花八门的组合结果。例如，"在""风景""湖边""看""我"，可以组成"我在湖边看风景""我湖边在看风景""风景在湖边看我""风景我看在湖边""我风景湖边在看"等组合，但实际上我们只能看懂第一种组合。不同的组合表达的意义差别非常大。例如，"三天锻炼一次""一天锻炼三次""一次锻炼三天"这三个句子，虽然都使用了相同的词语，但是词语的组合顺序不同，表达的意义也不同。以上三个组合遵循了语言单位组合的规则，这种大家共同遵守的语言单位组合规则就是语法。

语法规则贯穿于整个语言体系，如果没有语法规则，我们就无法把词语组织成语句，语汇中的词语就仿佛一盘散沙。语法就像一条看不见的红线，把单个的词语巧妙地串成了句子来表达我们的思想。

任何一种语言都有其语法规则，每个语言使用者都必须遵守。语言规则是约定俗成的，任何人都不能破坏这种规则。因此，我们必须了解语法的相关知识，正确地使用语言。

语言结构可以分为不同的单位，从小到大排列依次为语素、词、短语、句子。这些单位可以按照一定的规则相互组合成更大的单位，如语素和语素组合成词，词与词组合成短语，词或短语组合成句子。

在此以词与词的组合为例来说明在组合语言单位时，需要注意的三个问题。

（1）符合语法关系

组合词与词，必须注意词的语法特点、语法功能，弄清楚哪些词能搭配，哪些词不能搭配。例如，动词可带名词做宾语，但不及物动词不能带宾语。"我们示威敌人"就是一个病句，因为"示威"是不及物动词，不能带宾语；"枪声惊慌了战马"也是一个病句，因为"惊慌"是形容词，也不能带宾语。

将词与词组合成句子需要遵循以下五种基本的语法关系，这五种语法关系贯穿于各级语言单位的组合。

①陈述关系——太阳出来了。

②修饰关系——鲜艳的花朵。

③支配关系——阅读武侠书。

④补充关系——跑得非常快。

⑤联合关系——香港和澳门。

（2）符合事理逻辑

词与词的组合，必须符合事理逻辑，符合词语所代表的现实现象之间的实际关系。例如，我们可以说"吃米饭""吃面条""吃糕点"：但不能说"吃木头""吃石子""吃空气"。动作行为"吃"涉及的现实对象必须是可以吃的东西，"吃木头""吃石子""吃空气"违反了事理逻辑。我们可以将"月亮"与"圆""缺""明亮"组合，因为月亮本身具有这些现实特征；但不能将"月亮"与"香""甜""酸溜溜"等词语组合，因为月亮不具备这些现实特点。我们可以说"打破了瓶子""打破了盘子""打破了杯子"，但不能说"打破了老鼠""打破了狐狸"，因为与"打破"搭配的对象必须是无生命的东西。我们可以说"摔断了手""摔断了腿""摔断了胳膊"，但不能说"摔断了脑袋""摔断了皮肤""摔断了眼睛"，因为"摔断"的对象一般是长条形的东西。

（3）符合语言习惯

语言中的某些习惯说法，可能不符合语法，也不符合事理，但已经约定俗成。这类说法不能用语法规则来分析，也不能用词义的语义联系来解释，它是一种特例，扩展了一个词的组合范围。

需要注意的是，习惯性说法是不能类推的。例如，我们可以说"养伤""养病"，不能说"养感冒"；可以说"恢复疲劳"，不能说"恢复重病"。习惯说法虽然是语言中的特殊规律，但是我们不能因此否定词语组合的语法与逻辑限制。语法关系、语义联系、语言习惯，这三个方面可以说是不同语言共同的组合要求。

四、语言的符号与运用技巧

（一）语言的符号——文字

1. 文字的概念

记录语言的书写符号体系与用文字记录的书面语言共同构成了文字的两种含

义。我们一般所说的文字通常是指前者，即用点和线构成的记录语言的书写符号体系。

文字是在有声语言的基础上出现的，是语言在书面上的符号。同所有符号一样，文字符号也有能指和所指两个方面。能指是文字的形式，由不同的点、线按一定方式组合而成；所指是文字的内容，也就是语言，包括语音和意义。任何一种文字符号都是用来记录语言的，它既代表声音，又表示意义，必定要和语音、语义产生联系。例如，"女"和"马"可以构成"妈"，表示"母亲"的含义；英语用 m、o、t、h、e、r 这六个字母组成"mother"，表示"母亲"。由此可见，虽然不同的文字系统记录语言的方式不同，但都遵循了"文字依附于语言而存在"的原则。我们要正确运用文字，通过文字准确地传递信息。

拓展语言使用的空间范围是文字记录的最凸显作用，文字记录将听觉语言的有声符号固定在书面上，使之转化为无声的、视觉上的符号，从而突破了有声语言时间和空间的限制，延伸了语言的功能，弥补有声语言在使用方面的不足。

2. 汉字

汉字是记录汉语的书写符号系统，是由汉民族在长期的生产实践中创造出来的。汉字是世界上最古老的文字之一，目前在世界范围内发挥着越来越大的作用，具有旺盛的生命力。在我国历史上，契丹、西夏、党项、女真等少数民族模仿汉字创造了其独特的文字系统。从而形成了汉字文化圈，即曾用汉字书写并在文字上受汉字影响的区域，具体指以中国为主体，包括韩国、日本、东南亚诸国在内的使用汉字的国家。学习、了解、研究汉字，对于发扬汉字的优点，促进汉字的发展具有十分积极的意义。

世界上所有的文字，根据其记录语言的方式，可以分为拼音文字和非拼音文字两大类。英文、德文、法文等都属于拼音文字，它们的语音与字形结构具有对应关系。汉字属于非拼音文字，它的字形结构与所记录音节中的音素没有对应关系。无论是记录语言的方式，还是自身的构造形式，汉字都不同于其他文字体系。

汉字的神奇之处还在于，它能够在书面语上统一不同的方言。这种功能在无形中维护了汉语的统一，可以说汉字对汉民族文化发展做出了大贡献。

汉字结构的独特内涵形成了许多有趣的汉字文化现象，最典型的莫过于书法和篆刻这两种享誉全球的汉字艺术。将文字做成艺术品，是在世界范围内都少有的文化现象。对偶、顶真、回环、析字、互文等，都是汉语独有的修辞手法。将"月冷霜华洁影芳花"这八个字的首尾相接，排列成一个圆圈，可以读出四言、五言、六言、七言诗各 32 句，共 128 句。例如，"月冷霜华，洁影芳花；冷霜华洁，影芳花月……""月冷霜华洁，洁影芳花月；冷霜花洁影，影芳花月冷……""月冷霜华洁影，洁影芳花月冷；冷霜华洁影芳，影芳花月冷霜……""月冷霜华洁影芳，洁影芳花月冷霜；冷霜华洁影芳花，影芳花月冷霜华……"等等。

（1）汉字的特点

识别汉字的特点是正确使用汉字的前提，对此我们梳理了汉字的主要特点。

第一，汉字在语音上代表音节，一个汉字是一个音节。

第二，汉字在意义上代表语素，绝大部分汉字都表示语素，具有独立的读音和意义；只有少部分汉字必须把几个汉字组合起来才具有意义，这类汉字被称为联绵字，如"葡萄""枇杷""妯娌""翩跹""窈窕"等。

第三，从内部结构来看，汉字具有理据性，饱含着丰富的汉民族文化信息。大部分汉字的结构成分都与字音或字义有联系，我们甚至可以通过汉字的内部结构来分析古代的风俗、社会发展、认知水平等。例如，"贺""资""贷"这些与经济活动有关的汉字，都使用了"贝"字旁，反映了古代汉民族采用贝壳充当货币的历史。此外，从形体看，汉字具有明显的方块特征，属于方块平面型文字。当然，汉字的这些特点是和拼音文字相比较而言的。

拼音文字中，字母的排列组合通常是呈单向状态行进的，可以是从左到右；也可以是从右到左；也可以是从上到下。这种排列方式是根据一个单词中音素组合的先后顺序来决定的，具有线性的特点。由于不同单词的音素数量不同，所以词形的长度也是不相同的。相比之下，汉字的笔画和偏旁组合则呈现出多向行进的趋势，时左时右或者时上时下，或者同时左右、上下多向展开。汉语独有的对偶辞格，与汉字结构的这个特点不无关系。

（2）汉字的结构单位

笔画与偏旁构成了汉字的结构单位。笔画指的是组成汉字结构的一些基础线和点，是组成汉字形状的最基本的结构单位。除了"一""乙"这种一笔构成的汉字以外，绝大多数的汉字都由不同的笔画构成，如"毛""手""王""都""郭""部"

等。据统计，大部分汉字的笔画在 6 ~ 12 画之间，现代常用汉字的平均笔画在 10 画左右。

不同笔画组成了汉字的各种不同形状，这些不同的形状则被称为笔形。最基本的五种笔形包括点、横、竖、撇和捺，就像汉字"术"一样。改变基本笔形的运笔方向以及相互之间联系，则形成了提、折和钩这三种笔形。这三种笔形可以用汉字"刁"来代表。点、横、竖、撇、捺、提、折、钩这八种主要的笔形则构成了我们的现代汉字。除此之外，这八种笔形在实际运用中又产生了如钩、竖钩、斜钩、弯钩和卧钩等变化笔形。

以笔画为直接单位组合而成的汉字叫作独体字，其结构是一个整体，无法分开，如"人""手""毛""水""本""甘"等字。古代象形字和指事字是独体字的大部分来源，每个字的笔画形状和组合都不相同，不能类推。这与初学者感觉汉字十分难学有着一定关系。虽然独体字在整个汉字系统中的数量不多，但它们的地位非常重要，绝大部分都是合体字的构成部件，构字能力极强。独体字可以说是汉字系统的核心。掌握这些常用的独体字后再学习其他汉字的难度会大幅降低。

偏旁是构字的基本单位，绝大多数的汉字可以分成两个以上的基本构成单位。偏旁是由笔画构成的，比笔画更大，每个偏旁在字中的位置和名称通常都是固定的。此外，为了方便说明，人们还根据字中位置中偏旁的不同，给各个偏旁设定了不同的名称：偏旁在上的称为"头"，如草字头（"花""苗"）、宝盖头（"家""安"）；偏旁在下的称为"底"，如心字底（"态""怨"）、皿字底（"孟""盅"）；偏旁在左右的称作旁，如竖心旁（"情""恨"）、单人旁（"仁""们"）、提手旁（"拉""推"）、立刀旁（"刘""剃"）等。学习汉字要注意区分易混偏旁，如衣字旁（"衬""衫"）和示字旁（"祈""祷"）、建字底（"建""延"）和走字底（"边""辽"）、草字头（"菅""芊"）和竹字头（"管""竿"）等。

现代汉字的偏旁最初也是一个独立的字，随着汉字字体的演化发展，部分偏旁形体发生了巨大演变，已经失去了单独成字的能力，而只是被纳入汉字系统作为构字要素而存在。例如，"水""心""手"在"浪涛""惭愧""推拉"等汉字中，分别变成了三点水、竖心旁、提手旁。

汉字的偏旁可以分为表义、表音、记号偏旁三种类型，这是根据偏旁在字中所起的意义作用来划分的，表义偏旁是表示字义特征、类属的偏旁，只表示汉字所属类别的意义，对具体的意义则没有体现，如"鸠""鹄"中的"鸟"。表音偏旁是指表示字音的偏旁，如"湖""蝴""猢"中的"胡"。就现代汉字而言，有些表音偏旁虽已失去了表音功能，但仍属于该类偏旁。例如，"治""怡"中的"台"。而记号偏旁则指在汉字中与字音和字义无关的偏旁，其主要作用是区分不同的字形。在汉字发展演变过程中，通过对表音偏旁和表义偏旁进行改造，形成了记号偏旁。而这些偏旁的笔画结构则更为简单。例如，"欢""汉""仅""对""戏""鸡""邓""树""轰""聂"字中的偏旁"又"，它与字音和字义都没有联系，只是纯粹的区别字形的符号。

就偏旁构字的角度而言，汉字的构成是有一定规律的，而非混乱无序的。某些汉字由于字义相似而在构成时会采用同一偏旁来进行表示，为了方便索引和排列汉字，现代汉字字典编纂者根据汉字结构将一组汉字共有的偏旁提取出来，作为标目，这种标目就是部首。不同于偏旁，部首是汉字字典排列汉字的基础，而偏旁则是汉字构造中的结构单位。偏旁包含部首，其范围比部首更广，但这两者并不能画等号。

合体字构成了汉字系统中的大多数字，这种合体字的构成是以偏旁为直接单位的，大部分来源于古代的会意字和形声字。举例来说，"赶"字由"走"字和"干"字组合而成，"烧"字由"火"字和"尧"字组合而成，"呼"字则由"口"字和"乎"字组合而成。在构成合体字偏旁的最初阶段，它们与字音和字义有着密切的联系。然而，随着字义的演变、语音的变化以及字形的演化，这种联系就逐渐淡化。例如，"取"字是古代人们将战死者的耳朵割下来作为记功的凭证，现在该字的含义已经演变为"拿、获得"。再比如"羞"字，本义来源于"羊"字，本义即为"珍馐"，和"羊"有关，但现在常用来表示"羞涩"的意思，"馐"字替代了其本义。

偏旁与偏旁组成合体字，其组合方式有左右结构、上下结构、内外结构等几种情况。例如，"保""佑""江""河"是左右结构，"花""草""忘""恩"是上下结构，"国""团""同""厅""氧""起""边"是内外结构。另外还有"品"字形结构，如"聂""轰""森""众""鑫""淼""磊"等字。以上的基本模式不仅可以单独运用，还可以互相拼合，形成更为复杂的类型。以"燥"字为例，虽然总体看上去是左右结构，但右半部分又是上下结构，而右上则是品字形结构，由此可见一个合体字本身就包含了十分复杂的结构成分来充当偏旁，通过层层分析，还可以发现一个字具有多种结构模式。比如，"礴"字的第一层是左右结构，第二层是上下结构，第三层又是左右结构，第四则又是上下结构；同样，"凰""蹼""飙""罐"等字也融合了两种以上的结构模式。

（二）语言的运用技巧——修辞

南宋洪迈所编纂的《容斋随笔》中记载了一个王安石炼字的故事："王荆公（王安石）绝句云：京口瓜洲一水间，钟山只隔数重山。春风又绿江南岸，明月何时照我还？吴中士人家藏其草，初云'又到江南岸'，圈去'到'字，注曰'不好'；改为'过'，复圈去而改为入；旋改为'满'；凡如是十许字，始定为绿。""春风又绿江南岸"一句中的"绿"是如此活泼俏丽、生动形象，好似浑然天成，殊不知是王安石苦吟的结果。王安石最终选择了"绿"，是因为"绿"本身就是一个充满春意色彩的词语，而在这里"绿"被活用为动词，表达了春天的丰富色彩及诗人的动态感受，生动形象地描绘出江南生机勃勃、绿意盎然的景象。正如清代沈德潜所言："古人不废炼字法，然以意胜，而不以字胜，故能平字见奇，常字见险，陈字见新，朴字见色。[①]"王安石这个"绿"字的巧用，可谓是平字见奇、陈字见新的典范，使得一首诗成为千古名篇。王安石在创作过程中选择词语、创新运用词语、将寻常词语艺术化的言语活动，就是修辞。下面将主要介绍修辞活动的基本意义和基本手段。

1.修辞的意义

修辞有多种含义，我们这里所说的修辞，是指根据表达需要对语言进行加工提炼的活动，是一种运用语言的技巧。修辞的目的不是平实表达，而是要在准确传递信息的基础上将语言进一步升华到艺术高度。请看以下的例子。

（1）早春二月，田野上有雾。

（2）早春二月，田野上飘着轻纱一般的薄雾。

（1）句中描述的是早春田野上的雾，属于客观平实的表达；而（2）句在客观表达的基础上加入了说话人对雾的主观感受：雾是飘着的，像轻纱一般，薄薄的。这样的描述超越了平实表达，将所描述的雾具象化，加深了人对雾的印象。

---

① 尹贤选注. 古人论诗创作（增订本）[M]. 北京：中国书籍出版社，2020.

这个例子体现了修辞的作用，体现了运用语言技巧的价值。

我们要注意对修辞的两种误解：第一种简单地认为修辞活动就是把话说明白、说清楚，使表达准确；另一种认为修辞就是选择优美、华丽的辞藻来描述对象。由于这两种误解，有些人满足于把意思说清楚，但表达十分平淡，毫无动人之处，很难给人留下印象；有些人则使用大量优美、华丽的辞藻，机械地模仿名篇用语，但内容十分苍白。汉赋就以极尽华美而著称，但最终因走进了华丽的死胡同而没落。

语言中的词与句本身没有优劣之分，再平常的词语，只要使用恰当，就会有不同寻常的效果，产生动人的力量。修辞活动的目的就是要找到一个词、一个句子的最佳位置，使语言表达达到艺术的境界，充分突出语言的表现力，强化信息传递的功能。注重表达效果的修辞活动并非完全不讲究表达准确，而是在语言表达正确无误的基础上使语言表达生动感人。运用得当的修辞技巧具有起死回生、化腐朽为神奇的效果。

人们在进行语言描述时非常注重求知与求美的和谐统一，既给人提供信息，满足人的求知欲；同时又给人以美感享受，做到字斟句酌，不仅仅满足于描摹现实生活。例如，冼星海谱曲、光未然填词的歌曲《保卫黄河》的前三句"风在吼！马在叫！黄河在咆哮！"这首歌创作于1939年3月，歌词原稿是"风在吼，驴在叫……"光未然是根据自己的观察创作的这首歌，据说当年马匹都被征召入伍了，黄河两岸只有毛驴。贺敬之看了初稿后，建议将"驴"改为"马"，冼星海欣然接受了修改建议。这首歌一经推出，立即唱响全中国，成为广为传唱的抗战歌曲。贺敬之这个小小的改动，为歌曲增色不少。

为什么要将"驴"改为"马"呢？从形象上来看，驴的个头矮小，而马高大威武。从文化内涵来看，驴在汉民族文化中具有懒惰、愚笨的含义；而马具有勤劳、勇敢的含义。所以马更能代表中华民族英勇不屈的形象气质。由此可见，在进行修辞时，准确性固然重要，但也不能忽视艺术性。

词语表达要注意虚实结合，歌曲《保卫黄河》的歌词修改虽然看起来是虚的，但是给人的感觉是实的。比喻、比拟、夸张等修辞手法，都具有以虚写实的表达效果。

2.修辞的方法

对语言进行加工提炼通常有两种方式，即选择和创新。这是加工语言的具体方式，也是修辞的基本手段。其中，选择是修辞最基本的方式。

选择是指在众多同义表达手段中选择一种最为贴切的说法。贴切是指选择的表义手段符合语境中的时间、地点、人物特点等因素。例如，贾岛在创作《题李凝幽居》中的"鸟宿池边树，僧敲月下门"时，对于使用"敲"还是"推"颇为踌躇，最后选定了"敲"是因为"敲"能够体现出声响，更能衬托出夜的幽静，同时也为"鸟宿池边树"做了很好的注脚，笃笃的敲门声，惊动了树上的鸟，不然在深夜怎么会知道树上有鸟呢？如果选用"推"，诗中动静相映的意趣就没有了。

要注意的是，修辞上的同义手段涉及很多方面，不仅仅是指语汇上的同义词，还包括音律、词义、句式等。

创新是指在语句中另辟蹊径，创造新的说法，以取得特殊的表达效果。修辞上的创新有两个方面：一方面是平凡词语新用，即打破一般词语的常规用法，平中见奇，使平凡的词语不平凡，将寻常的词语艺术化，从而给人耳目一新之感。例如，张枚同创作的歌词《水乡美》："滴翠的是山，流翠的是水，摇一摇云朵就有细雨飞；悠悠的是船，荡荡的是苇，晃一晃夕阳就见鸟儿归。咿呀喂，水乡嫩；咿呀喂咿呀喂，水乡美。踩你的花径怕你疼，走你的小桥怕你累。乌篷船划过来小阿妹，划过来小阿妹。"这首歌几乎句句都充满了创新修辞，通过优美的词句将江南的绿意、温润、娇美刻画得入木三分：山山水水都滴翠，摇一摇云朵就会见到细雨纷飞，甚至怕走路踩坏了美景。张枚同运用创新技巧，刻画出了人们心中对江南真切的感受。

另一方面是创造新词语，创造新的表达形式。当然，这些新词语只适用于特定的语境，而且大多是在原有语言格式的基础上创造出来的。创新表达能够实现传统的表达方式无法实现的表达效果，从而增强语言的艺术感染力。例如，白居易的《暮江吟》：

一道残阳铺水中，半江瑟瑟半江红；可怜九月初三夜，露似真珠月似弓。

白居易不仅用"道"来形容残阳，还用动词"铺"将残阳这个无形之物化为有形之物。"半江瑟瑟半江红"的绝妙分配，更是入木三分地刻画出残阳撒在江面上光影交错的绮丽景色，塑造出了绝美的艺术形象，体现了白居易的审美理想和审美情趣，闪耀着艺术创造的光辉，给欣赏者以美的享受。

无论是选择还是创新，其最终目的只有一个，就是让他人更好地接受自身所表达的信息，感染他人、影响他人。这正是修辞的最高境界。

（1）锤炼词语

如何更好、更准确地表达我们的思想，句子中词语出现的先后顺序以及使用什么样的词语，需要我们用心琢磨，像冶炼钢铁那样不断锤炼，从原材料中选出最具独特性的材质。

词语对语言表达而言具有重要意义，是表达思想的最重要单位。无论我们使用书面语还是口语，首先碰到的就是词语的运用及组织排列问题。有人曾分析了数百篇作品的修辞，发现词语方面的修辞约占 70%。由此可见，词语在修辞中占有十分重要的地位。

"寻找唯一需要的词唯一需要的位置"[1]是锤炼语言能力的需要，这是准确、生动地表达自己思想的前提。对此，法国作家福楼拜有一段十分精辟的论述："我们不论描写什么事物，要表现它，唯有一个名词；要赋予它运动，唯有一个动词；要得到它的性质，唯有一个形容词。我们必须继续苦心思索，非发现这个唯一的名词、动词、形容词不可。仅仅发现与这些名词、动词、形容词相似的词句是不行的，不能因思索困难，就用类似的词句敷衍了事。"[2]因此，运用词语，只有恰到好处、贴切得当，才能通过这唯一的词语精准地传递自己的思想。

不同人的头脑中对不同词语的感受刺激具有个性差异，词语修辞的目的就是使作者的暗示与读者的理解、联想、感受完美和谐地统一起来，从而产生共鸣。张九龄的《望月怀远》中"海上生明月，天涯共此时"，其中的"生"与"升"相比，显得格外动人，并且新颖别致。

古人把词语的选择、创新运用称为"炼字"，运用词语就像锤炼矿石一般，要沙里淘金，从一大堆矿石原料中冶炼出最有用的钢铁金块。炼字是为了达到简练含蓄、形象生动、新颖别致的表达效果。一个"炼"字，道出了古人在词语运

---

① 刘钦荣. 现代汉语 技法应用研究 [M]. 长春：吉林人民出版社，2020.

② 邓瑞玲，袁婷，李海青. 现代汉语概论 [M]. 长春：吉林人民出版社，2021.

用活动中的艰苦卓绝。唐代大诗人杜甫被称为诗圣,他在炼字方面独具匠心,不仅留下了许多不朽的名篇杰作,还留下了许多锤炼词语的深刻体会。《江上值水如海势聊短述》中的"为人性僻耽佳句,语不惊人死不休",道出了他的诗句为什么总是那么精妙的秘密。此外,贾岛在《题诗后》中的"两句三年得,一吟双泪流";顾文伟在《苦吟》中的"为求一字稳,耐得半宵寒";卢延让在《苦吟》中的"吟安一个字,捻断数茎须;险觅天应闷,狂搜海亦枯"等,都是古人炼字精神的真实写照。贾岛的"推敲",不仅成为流传文坛的千古佳话,还凝练成为词语修辞活动的代名词。

语言文字是人类思想的延伸,运用语言既要遵从语言的自然习惯,又要在自然语言的基础上加工提炼。光有信息却没有美感的语言是令人乏味的,听众难以接受;而光有美感而没有信息的语言是没有意义的。运用词语就好像音乐运用音符、美术运用色彩线条,必须经过仔细斟酌、千挑万选。一个合适的词语会让整篇文章都光彩夺目,熠熠生辉。

(2)词语修辞的主要内容

词语修辞要注意意义、色彩、音律。在意义方面,主要要求选择或创新的词语必须达到准确、生动、形象、新颖的要求。这几个方面的要求在平时词语运用的训练中可能是分开的,但是在实际运用中是统一的。例如,《中国人民志愿军战歌》第一句的原文是"雄赳赳,气昂昂,走过鸭绿江",其中的动词"走"不可谓不准确,但是太过平常,没有表现出志愿军战士的精神面貌,而将"走"改为"跨"后,表现出的志愿军的精神风貌则完全不同,将军人一往无前、意气风发的精神体现得淋漓尽致。

试比较以下几组句子中的词语,分析原文和改文在表达效果上的不同。

①原文:迎来春天换人间。

改文:迎来春色换人间。(京剧《智取威虎山》)

②原文:眼看朋辈成新鬼,怒向刀边觅小诗。

改文:忍看朋辈成新鬼,怒向刀丛觅小诗。(鲁迅《无题》)

③原文:喜看稻菽千重浪,青年英雄下夕烟。

改文:喜看稻菽千重浪,遍地英雄下夕烟。(毛泽东《七律·到韶山》)

④原文：长江大河波浪宽，风吹稻花香两岸。

改文：一条大河波浪宽，风吹稻花香两岸。（乔羽《我的祖国》）在词语色彩方面，要注意感情色彩和风格色彩的调配。

感情色彩的调配，首先应弄清楚词的褒义与贬义。有些词的感情色彩是固定的，褒贬色彩突出，不能混淆。例如，"团结"是褒义词，一般用于己方；与之对应的贬义词是"勾结"，一般用于对方。其次，要注意词语在特定语境中的感情色彩。例如，"肥"通常用来形容动物脂肪多，用"肥"来形容人时，则有讥讽挖苦之意。曹禺的话剧《日出》中对潘月亭的描写是"一块庞然大物裹着一身绸缎"，描写人不用"个"而用"块"，用"裹"而不用"穿"，表明了作者对潘月亭这个角色的厌恶之情。最后，要注意某些特定的语言格式也具有贬义色彩，如"所谓……""……之流"等。

风格色彩的调配，应分清口语和书面语的风格特点。口语词生动活泼，生活气息浓厚，富有表现力，如"嚷嚷""啰唆""合计"等；而书面语词则有文雅的风格特色，如"久仰""令尊""华诞""思绪""磋商"等。只有分清词的语体色彩，才能自然地运用词语，使语言符合人物的身份地位。

语音也是词语修辞所要考虑的重要内容。词语的声音调配，需要注意三个方面：一是音节的匀称，二是平仄的协调，三是音韵的和谐。只有做到这三点才能使语句具有铿锵明快的节奏与整齐和谐的韵律，使词语具有丰富的表现力，增强话语的艺术感染力。词语语音的调配不只运用于诗歌、戏剧唱词，对于突出或强化记叙文中词语的意义也具有十分重要的作用。请看以下几个例子。

①远亲不如近邻，近邻不如110。（福州民警广告）

②他们的品质是那样的纯洁和高尚，他们的意志是那样的坚韧和刚强，他们的气质是那样的淳朴和谦逊，他们的胸怀是那样的美丽和宽广！（魏巍《谁是最可爱的人》）

①句读起来朗朗上口，且易于被人所接受。这是因为采用了押韵的方法。②中的句子的末尾相互押韵，字音响亮，语势顺畅，很好地表现了对志愿军的赞美及热爱之情。

对词语的修辞是一个永无止境的活动，比起句式的调整、修辞格的选用，词语修辞的难度更大、要求更高。想要用好词语，不但要长期进行语言实践，还要培养观察生活的能力，要善于发现事物的特征，并运用独到的方式修辞，从而描绘出独特生动的意境。

第二节　现代汉语概说

汉语是汉民族的语言，现代汉语是现代汉民族的语言。中国除汉族外，还有50多个少数民族，它们绝大多数有自己的语言。但是各民族迫切需要一种可以共同使用、交流的语言，这是各民族交际的重要要求，所以汉语便成为各民族之间通用的交际语言，即中国的国语，在世界上也叫中国语或华语。现代汉语是指现代通行的汉语。它的口语既有共同语——普通话，又有不同的方言，它的书面语是现代白话文。

汉语来源源远流长，有着悠久的历史。早在3000多年以前，就有记载汉语的文字——甲骨文，这是一种相当成熟的古文字。至于没有文字记载的口语的形成自然就更早。汉语经历了许多世纪的发展，面貌发生了很大的变化，现在有古代汉语、近代汉语、现代汉语的说法。王力先生依据汉语语法的演变，参考了词汇与语音的变化，将汉语的发展演变分为四个时期：（1）上古汉语：公元3世纪以前（五胡乱华以前）。（2）中古汉语：公元4世纪到12世纪（南宋前期）。（3）近代汉语：公元13世纪到19世纪。（4）现代汉语：1919年"五四"运动到现在。

在先秦口语基础之上形成的文言文是记载古汉语的书面形式，这种形式和当时的口语基本一致，直至汉代开始与口语分离。至隋唐则出现了最早的白话文作品，如唐代的变文、宋元的话本等。到了明清时期，白话小说大量涌现，如《水浒》《儒林外史》《红楼梦》等。特别是《红楼梦》，基本上是用北京口语写成的。在当时，这些白话文作品虽然已广为流传，但文言文仍占统治地位。至晚清，一些主张革新的先驱者如黄遵宪、梁启超等，掀起白话文运动，提出"我手写我口"。"五四"新文化运动之后，白话文占据了主要地位，逐渐取代文言文，至此正式确立了现代汉语的书面语——白话文。

汉语的口语一直存在着方言的分歧，但是共同语也一直存在着。春秋时期共同语被称为"雅言"，汉代被称为"通语"，明朝时被称为"官话"，辛亥革命后称为"国语",中华人民共和国成立后则称为我们熟知的普通话。并且确立了规范标准后面向全国推广。从此,现代汉语健康发展,作为各方言区之间及各民族间的重要交际工具而发挥其重大社会功用。

一、现代汉语的方言

各民族历史发展的产物之一便是方言的形成,追溯至先秦,各民族存在共同语的同时还存在着各地不同的方言。虽然方言与普通话之间有很多明显的差别,但在语音方面却有着一定的规律,其基本词汇和语法结构是大体相同的,且共用一套汉字符号系统的书面语,因而它并不是和普通话并存的独立语系,而只是汉民族共同语的地域分支语言。根据方言的特点及其发展历史,它一般可分为七大类。

(一)北方方言

北方方言是以北京话为代表的,是汉民族的共同语言基础,也是汉语中最大、分布地区最广、使用人数最多的一种方言。在汉民族中有七成的人正在使用,它可以分为四个次方言。

1. 华北方言

北京、天津、河北、河南、山东和东北三省及内蒙古部分地区是华北方言的主要通行地。

2. 西北方言

山西、陕西、甘肃及青海、宁夏、内蒙古、新疆的部分地区是西北方言的通行区。

3. 西南方言

四川、云南、贵州三省及湖北大部分地区(东南角咸宁地区除外)以及湖南西北部、广西西北部地区是西南方言的通行地带。

4. 江淮方言

安徽、江苏两省的长江以北、淮河以南地区(其中徐州、蚌埠一带属华北方言区),长江南岸镇江以上、九江以下的沿江地带则是江淮方言通行地。

（二）吴方言

其中上海话是吴方言的代表。江苏省长江以南、镇江以东地区（镇江不在内）以及浙江省大部分地区是吴方言的主要通行地。其使用人口约占汉民族总人口的8.4%。

（三）粤方言

以广州话为代表的粤方言通行于广东大部分地区与广西东南部地区。使用人口约占汉民族总人口的 5%。此外香港、澳门地区及美洲华侨大多也说粤语。

（四）闽方言

闽方言包括两种次方言：

1. 闽南方言

闽南方言以厦门话为代表，在福建省南部、广东省东部、海南省一部分以及台湾省大部分地区通行。使用人口约占汉民族总人口的 3%。此外南洋华侨中也有不少人说闽南方言。

2. 闽北方言

闽北方言以福州话为代表，通行于福建省北部和台湾省部分地区。使用人口约占汉民族总人口的 1.2%。此外南洋华侨中也有一部分人说闽北话。

（五）客家方言

客家方言以广东梅县话为代表，在广东省的东北部、福建省的西北部、江西省的南部以及四川、湖南、台湾的部分地区通行。使用人口约占汉民族总人口的 4%。

（六）湘方言

以长沙话为代表的湘方言，在湖南省大部分地区（西北角除外）通行。使用人口约占汉民族总人口的 5%。

（七）赣方言

赣方言以南昌话为代表，在江西省大部分地区（东南沿长江地带与南部地区除外）和湖北省东南一带通行，使用人口约占汉民族总人口的 2.4%。

在现代汉语的七大方言中，就各地方言与普通话之间的差别来说，北方方言是基础方言，与普通话相差不大；闽方言、粤方言与普通话距离最大；吴方言次之；客、赣、湘方言与普通话相较而言差别小一些。

二、现代汉语的规范化

（一）现代汉语普通话的标准

在社会发展的历史进程中，汉民族的共同语虽然已经形成，但还没有达到完全的统一和规范。1955 年 10 月，中国科学院召开了现代汉语规范问题学术会议，历经多次反复讨论，对现阶段汉民族的共同语进行了确定：以北京语音为标准音，以北方话为基础方言，以典范的现代白话文著作为语法规范的普通话。

1. 语音规范：以北京语音为标准

以北京语音为标准的语音是历史的演变所致。近几百年来，北京一直都作为中国的政治、经济、文化中心而存在，尤其是元朝、明朝以及清代，都曾经将北京作为首都。明朝的"官话"以及"五四"运动以后的"国语运动"，都曾经将北京音系作为标准而推行。中华人民共和国成立以后将北京作为首都，其语言的影响力变得更大。一些广播、电影、话剧等都是使用的北京语音。另外，北京语音系与汉语其他方言相比，其发音更明朗、高调、舒缓，具备音乐美，也比较容易被人接受。

就整体而言"以北京语音为标准音"，并不是指在北京话中的每个语音成分都是标准音。普通话不含有北京话中的有些土音和异读，并且北京话中的轻声、儿化等也进行了取舍与规范。

2. 词汇规范：以北方方言为基础

北方方言分布的地域最广，使用的人口最多，用北方方言写成的大量文学作品，在历史长河和传播地域上都有着广泛、深刻的影响。因此，以北方方言作为普通话词汇的基础，符合汉民族共同语发展的规律。

北方方言整体地域广阔，各个地区的词汇有着一些地域差异，应该在词汇规范过程中有所取舍。将一些地方色彩浓厚、过分土俗的词汇进行舍弃。如"跑"一词，北京土话有"挠""颠儿""撒丫子"三种说法，四川人叫"馄饨"为"抄手"，东北人叫"疏忽"为"喇忽"，普通话词汇中都不采用。另一方面，普通话又积极慎重地从其他方言中吸收了富有特色的词语来丰富自身的词汇，如"尴尬""垃圾""蹩脚"等吴方言词汇，"搞""名堂"等湘方言词汇。

为了丰富普通话的词汇，还应积极吸收古汉语中那些适应现代生活、富于表现力的词汇，如"莅临""教诲""觊觎""邂逅"等。对于外来语的词汇，也应积极慎重地吸收，如"干部""狮子""卡拉OK"等。此外，词汇是语言中变化最快的部分。基本词汇和一般词汇共同组成了词汇。基本词汇在语言的发展中是比较稳定的，一般词汇则经常处于变动中，因为它敏感地反映社会的发展与演变以及人们的日常生活。随着社会的变化，普通话的一般词汇也在不断地更新，旧词的消亡、新词的产生在不断地进行。我们既要反对生造词语，又要积极地吸收新词。

3.语法规范：以典范的现代白话文著作为蓝本

白话文经过提炼加工之后比普通话的口语更为精密、完善。如党和政府的重要文件、中央报刊的社论以及某些著名作家的优秀作品，即是典范的现代白话文。当然，作为规范是采取其中的一般用例，对于个别受方言和古汉语及外来语影响的不规范的句式和用词，则应该舍弃。

普通话的语法也吸收了古汉语语法、方言语法、外来语语法中有用的格式。如"说说看""想想看"等格式取自吴方言，"以勤俭为荣""为祖国而学习"等格式取自古汉语，"我们应该而且必须学好普通话"等格式取自外来语。这些格式都是符合普通话语法规范的。

最后，必须指出，动态的语言观是对语言进行规范的前提。语言跟随社会的发展而变化，所以语言的规范也必须依据一定的语言发展规律，遵循"约定俗成"的原则，将那些不符合语言发展规律的、少部分人使用的东西剔除，克服了语言内部的分歧和混乱，而不是对语言的发展进行限制。

（二）新时期的语言文字工作

中华人民共和国成立后，随着国家的统一、民族的团结和国内各项工作的开展，语言文字工作也提上了党和政府的议事日程。1955 年 10 月，全国文字改革工作会议和现代汉语规范问题学术会议在北京召开。随后，中共中央作出《关于文字改革工作问题的指示》，国务院通过《关于公布〈汉字简化方案〉的决议》和《关于推广普通话的指示》，全国人大批准《汉语拼音方案》。1985 年 12 月经国务院批准，中国文字改革委员会将名字改为国家语言文字工作委员会。1986 年 1 月，国家教委和国家语言文字工作委员会联合召开全国语言文字工作会议，确立了新时期语言文字的工作任务与方针，即"贯彻、执行国家关于语言文字工作的政策和法令，促进语言文字规范化、标准化，继续推动文字改革工作，使语言文字在社会主义现代化建设中更好地发挥作用""做好现代汉语规范化工作，大力推广和积极普及普通话；研究和整理现行汉字，制定各项有关标准；进一步推行《汉语拼音方案》，研究并解决它在实际使用中的有关问题；研究汉语、汉字信息处理问题，参与鉴定有关成果；加强语言文字的基础研究和应用研究，做好社会调查和社会咨询、服务工作"[①]。1995 年 12 月 25 日，《人民日报》为纪念文字改革和现代汉语规范工作 40 周年，发表《在全社会树立语言文字规范意识》的社论，指出："语言文字的应用水平既受经济、文化、科技、教育诸因素的制约，又对经济建设和社会发展有着重要的影响；语言文字规范工作既是社会变革的反映，又是工业化、现代化建设的基础工程和先导工程。"[②] 全党同志和全国人民都应该将语言文字规范意识牢牢树立，"说好普通话，用好规范字"。综上所述，自新时期以来的语言文字工作任务如下。

1.大力推广普通话，促进汉语规范化

中华人民共和国成立以来，经过多年的工作，汉民族共同语得到了空前的发展，普通话的推广工作取得了很大的成绩。但方言仍然存在，并妨碍着不同地区人们的交往，妨碍着语言文字的信息化处理，大力推广普通话仍是我国语言文字

---

① 赵贤德.现代语言学家苏培成 [M].汕头：汕头大学出版社，2021.
② 国家语言文字工作委员会办公室.文字改革和现代汉语规范化工作四十周年纪念手册 [M].北京：语文出版社，1996.

工作者的首要任务。所以,《中华人民共和国宪法》规定:"国家推广全国通用的普通话。"在目前的形势下,更应该积极地推广和普及普通话,20 世纪 50 年代制定的"大力提倡,重点推行,逐步普及"的方针仍然适用于当今社会,但是更要加快普及的步伐。

(1)将普通话作为各地区、各级各类学校的教学语言,同时师范院校里更要将普通话作为校园语言,在全校通行。

(2)各地区各级各类机关与团体要将普通话作为工作语言,特别是在工作期间使用。

(3)广播、电影、电视、话剧将普通话作为宣传语言,进行推广。

(4)不同方言地区、不同民族的人们在公共场合进行人际交往时使用普通话。

按照国家规定的普通话的语言、词汇以及语法标准推广普通话,可以减少普通话内部的一些分歧和混乱,以促进汉语的规范化。方言的分歧首先是语音,其次是词汇、语法。推广普通话不光是在语音上,更是在词汇与语法上都要有要求。尤其是词汇,如果使用方言词汇,会影响交际,降低普通话水平。推广普通话不是为了消灭方言,而是消除方言隔阂,以利社会交际。

2.加强社会用字管理,促进汉字规范化

20 世纪 50 年代以来,为了使汉字标准化,我国政府对此做了大量的工作,先是编制了《简化字总表》《第一批异体字整理表》《印刷通用汉字字形表》《现代汉字通用字表》《现代汉字常用字表》等,对汉字的数量以及字形等都立下了明确的规范与规定。1986 年 6 月 24 日,国务院指出:"当前社会上滥用繁体字,乱造简化字,随便写错别字,这种用字混乱现象,应引起高度重视。国务院责成国家语言文字工作委员会尽快会同有关部门研究、制定各方面用字管理办法,逐步消除社会用字混乱的不正常现象。"① 按照国务院的指示,国家语言文字工作委员会和有关部门一起先后制定了《关于地名用字的若干规定》《关于广播、电影、电视正确使用语言文字的若干规定》《关于企业商店的牌匾、商品包装、广告等正确使用汉字和汉语拼音的若干规定》《出版物汉字使用管理规定》《关于在各种

---

① 语文出版社.语言文字规范手册 [M].北京:语文出版社,1990.

体育活动中正确使用汉字和汉语拼音的规定》等规定。国家语言文字工作委员会对各级政府作出明确要求：采取有效措施来加强对社会用字的管理，滥用繁体字的现象不许发生，也不能乱用不规范的简体字，还需要纠正旧字体的使用，以便社会各界的文字使用都符合规范。

三、现代汉语的地位和特点

世界上有多少种语言？这是一个尚无定论的问题，一般认为大致有 5000 多种。对这些语言，语言学家们用不同的标准进行了分类，其中较有影响的是谱系分类法与类型分类法。谱系分类法又叫发生学分类法，它运用历史比较法，把世界语言按其亲属关系分为若干语系，又按其亲属关系的远近，分为语族和语支等。目前，世界语言大致分为 10 多个语系，其中汉语属于汉藏语系。中国、越南、缅甸、泰国等地是汉藏语系的主要分布地区，其中又可分为汉泰语族、藏缅语族、苗瑶语族。汉泰语族包括汉语、越南语、泰语、壮语等。汉藏语系现代语言的主要特点如下。

（1）每个音节都有固定的声调。

（2）单音节词占大多数。

（3）词序和虚词是表达语法意义的主要手段。

（4）大多数语言有相当多的表示事物类别的量词。

（一）现代汉语的地位

从目前世界语言的发展现状以及演变历史来看，汉语毫无疑问具有其独特的地位和影响。

1. 汉语是有着悠久历史与极强生命力的语言

汉语作为中华民族的交际工具具有源远流长、博大精深的特点，漫长的历史岁月中，灿烂的古代文明得以保存下来。而在汉字产生之前，人们则是以口耳相传的形式来流传和保存汉语文化。汉字产生后，它记载了浩如烟海的古代文化，形成了汗牛充栋的汉文化典籍。从保存古代文化典籍的数量与历史的悠久来看，汉语在世界语言中无疑是领先的。

2. 汉语是世界上使用人口最多、分布地域较广的语言

几千种语言在世界上都存在着，按照使用的人数来看，汉语则位居世界第一，其次才是英语，再次是俄语、西班牙语。并且使用汉语的人数远远比使用英语的人数多，占世界总人口的 1/5，也就是说，世界上每五个人中就有一个人使用汉语。使用汉语的地域除中国以外，还有新加坡、泰国、马来西亚、越南、柬埔寨、印度尼西亚、美国、加拿大等国的一些地区。虽然使用汉语的地域分布很广，但是却不是最广的，从地域使用人数来看，前三位依次是英语、法语和西班牙语。

3. 汉语对周边国家语言产生过重大影响

自秦汉时期以来，中国同世界上的许多国家交往逐渐频繁，汉语与世界语言的交流日益增多。这种频繁的交流让汉语从其他语言中吸收了不少词语，而其他语言也在与汉语的交往中吸收了不少来自汉语的词汇。尤其是日本、朝鲜、越南等周边国家，在长期与中国的交流中接受了中国文化的熏陶，其语言受到汉语的深刻影响。日本在古代吸收中国文化发展日本文化时，大量引进汉字、汉词并努力使之日本化。现在，日语中一般采用汉字和平假名混合使用的方法，片假名则用来书写外来语及欧美等国的人名、地名和专门用语。汉字在朝鲜的古代历史典籍以及很多文学作品的撰写上发挥了重要作用，直到后来，朝鲜将文字进行改革，才制定了属于自己的拼音文字，但是在很长的一段时间里仍然将汉字与朝鲜的拼音文字夹杂使用，也采用了很多从汉语中借的词汇。越南在 18 世纪以前，其书面语中使用的字大都是汉字。他们把汉字称作"字儒"，意即儒家的文字。越南的书面语中还使用一种"字喃"，即南国的文字，这是按汉字的造字法自造的一种文字。

4. 汉语是联合国工作语言之一

1973 年 12 月 18 日，联合国大会第 28 届会议召开，将汉语列为联合国大会和安理会的工作语言之一。至此，联合国的工作语言有英语、法语、俄语、汉语、西班牙语这五种语言，后来因为阿拉伯拥有的丰厚石油财富而使阿拉伯语成为联合国工作的第 6 种语言，至此，这 6 种语言便成为世界公认的"国际语言俱乐部"。

5.世界上学习汉语的热潮方兴未艾

自改革开放以来，中国的经济实力日益增强，国际地位不断提高，世界各国与中国在政治、经济、文化、旅游等方面的交往也日益密切，所以在世界范围内掀起了一股学汉语的热潮。每年来中国大陆学汉语的留学生达数万人，世界各地开设的中文学校、大学设立的中文系也急剧增加。日本文部省几年前就决定，高中毕业生在高考中外语可报考中文，美国也将中文列入大学升学考试的外语科目之一。各大公司的中文广告、各旅游景点的中文说明、中文指路牌等向我们展示中国正在走向世界的结果。此外，汉语水平考试已成了中文的"托福"考试，不但在中国大陆举行，而且在世界许多国家举行。

（二）现代汉语的特点

1.语音方面，音乐性强

汉语中乐音较多，音节界线分明，加上有曲折变化的声调，听起来富于音乐美。其原因是：（1）元音占优势。（2）有声调变化。声调是汉语音节中不可缺少的部分，是汉语语音的特征之一。声母、韵母中相同的音节，可以因声调不同而形成不同的音节，以区别意义。声调是通过音节高低升降的变化，从而形成特有的音乐美。

2.词汇方面，双音节词占优势，构词方式较灵活

现代汉语的词汇明显的有双音节化的趋势，过去单音节的词渐渐为双音节的词所代替，如：衣——衣服，石——石头，习——练习。另一些多音节的词又简缩成双音节的词，如：落花生——花生，照相机——相机，外国语——外语，外交部长——外长，彩色电视机——彩电等等。并且近几年来出现的许多新词也都是以双音节词为主，如"关爱""反思"等。汉语中虽然有多种构词方式，但是以复合构词为主的，是一个词根和另一个词根组合从而构成的一个新的词汇，如：眉与目——眉目，爱与人——爱人。这与印欧语系不太一样，印欧语系主要采用加词头、词尾的方式来产生新词。

3.语法方面，丰富的形态变化

词类与句子成分之间没有单一的对应关系，词的分类也不能以形态为标志。词的构成以复合为主，构词造句的组合关系比较一致，还有较丰富的量词。

第三节　汉语言文学的发展研究

一、汉语言文学特征及表现形式

文字对于人类的社会发展来说具有特别重要的意义，它是人类文明传承的重要载体。目前世界上发现的 4 种古文字——汉字、楔形文字、象形文字以及玛雅文字，其中只有汉字，至今仍然在使用，其余三种文字使用者都已经消失，没有人使用。

汉字从最初的甲骨文一步一步发展至今天的汉字，经历了数千年的历史。在甲骨文时代，汉字最初的雏形便是来自民间的占卜、传说，并且甲骨文中大量地使用比喻、排比等句式。

（一）汉语言文学的特征

一个国家、民族、社会进行可持续、有序地发展的根本动力是文化，而与文化规范分离的任何形式发展都是非常危险的存在。汉语言文学承担着重要的历史使命，一直作为中华传统文化的重要载体而存在。在汉语言文学的发展历程中，呈现出以下几个特征。

1.丰富的体裁

历经千年发展的汉语言文学出现了各种各样丰富的体裁。诗歌、楚辞、乐府、词、赋、散文等是古代的汉语言文学主要内容。近代则出现了更多的文学体裁，与古代文学体裁相比，近代的文学体裁更富有内涵与多样性，更加贴近社会。主要包括新型诗歌、小说、戏剧、散文诗、电影文学等。《诗经》作为中国最早出现的诗歌集，内容非常丰富。反映了出现在周朝初期至晚期的社会生活样貌。其句式主要为四言，修辞手段主要采用重叠反复的方法，反映了当时的诗歌特色。在《诗经》之后兴起的诗体为楚辞和乐府。其中楚辞是以楚地民歌作为基础而发展起来的一种诗体，反映了楚地当时的风土人情，屈原则是这一诗体的典型代表人物。乐府诗则是一种强烈反映社会现实的诗体，具有现实感，真实再现了当时的社会现实生活。诗歌的体裁随着朝代的不断更迭而不断丰富，后面又出现了唐诗、宋词、元曲等体裁，不断地充实丰富了汉语言文学的内容。

2. 显著的阶段性

中国由于具有悠久的历史，其朝代的更迭也十分复杂，汉语言文学更是随着复杂的朝代更迭历经了无数起伏。不同朝代对文学内容的发展各不相同，文学内容反映了各朝代不同的特色风貌与文风。周朝与唐朝是中国古代诗歌发展最兴盛的两个时期。成书于西周初年至春秋中叶的《诗经》，一共收录了 311 篇诗歌。其内容囊括了爱情、战争、生活习俗等内容。唐诗分为五言和七言，比《诗经》的表现形式更加多样。唐诗对后世研究唐朝的经济、社会文化生活有着重要的参考价值，是中华民族的珍贵文化遗产。其中唐诗在发展中也分出了很多诗派，如山水田园诗派、边塞诗派、浪漫诗派、现实诗派等。每种诗派描写的内容各不相同，表达了诗人不同的思想情感。汉语言文学的体裁随着唐朝的衰败也呈现出变化，到宋朝时，宋词作为宋代文学的最高成就开始兴起。作为汉语言文学的绚丽明珠，宋词主要以苏轼、辛弃疾、柳永、李清照为代表人物。宋词之后，汉语言文学中相继出现了元朝的戏曲以及明清时代的小说。无论是唐诗、宋词还是元曲、明清小说，都与朝代的更迭有着密切的联系，无不体现着汉语言文学发展的阶段性特征。其文学体裁随着朝代的起起落落而不断变化，散发着文学的光辉。

3. 独特的文学流派

文学作品在反映作者内心的思绪时，也寄托了作者丰富的思想感情。在唐朝唐诗兴盛时，绿水、青山、隐士成为王维、孟浩然诗作的主要描写内容，其恬静淡雅的风格与对田园诗意般生活的向往，使王维与孟浩然被称为山水田园诗派。高适、岑参、王昌龄等诗人主要对边塞生活、风景、战争进行了描写，因而被称为边塞诗派。在宋朝，柳永、李清照等人侧重于描写儿女情长，体现了诗人的柔情婉约之美，所以被称为婉约派。苏轼、辛弃疾因其用词磅礴，呈现出恢宏的气势而被称为豪放派。从古代文学的发展历程看，不同的文学流派引领了当时的时代的潮流，对汉语言文学发展作出了巨大贡献。由此可见，在每一个时代都有不同的文学流派，并对汉语言文学的发展起了极大的推动作用，为汉语言文学的繁荣发展作出了巨大贡献。

（二）汉语言文学的表现形式

汉语言文学因其博大精深的特点而成为中华传统民族文化的瑰宝。各种各样的表现形式在数千年的发展历程中得以出现，主要内容囊括了诗歌、散文、小说、戏剧、报告文学等。其中，诗歌拥有朗朗上口特点的同时饱含真情，立意新颖，易于传唱；散文形散神聚，拥有优美语言的同时饱含情感，非常容易引起读者共鸣；小说的叙事紧凑，拥有完整情节，构思精巧、引人入胜；戏剧则贴近生活，将空间和时间高度集中；报告文学则具有新闻性、真实性，可以通过艺术的手法将最真实的新闻展现。

汉语言文学记载着悠久的历史、传递着丰富的文化，具有博大精深的特点，以上对汉语言文学的三个主要特征及其多种表现形式的特点进行了简要归纳。

二、网络语言对汉语言文学发展的影响及应对方式

汉语到如今的成熟、完善阶段，是历经长期发展而形成的。丰富多彩、无与伦比的汉语言文学是祖先留下的绮丽瑰宝，更是我们中华民族文明发展的基础。在信息迅速发展的 21 世纪，汉语言文学发展一定程度上受快节奏的社会生活影响。网络的出现更是给文学带来了巨大变革，我们必须要思考汉语言文学在 21 世纪如何发展的问题。在信息化的今天，人们将精力放在了科学探索领域上。对于文学而言，更多的是使用它的基础功能。网络的出现使得文字作为交流信息与思想的工具，为人们的生活提供了极大的便利，也创造了有利于汉语言文学继承和提升的条件。但是与一些发达国家相比，我国人民在阅读实践与欣赏文学的积极性等方面还有着较大的差距。人类社会的文明是物质的文明，是科技的文明，它们更加离不开精神的文明。汉语言文学在新时代背景下面临着一系列新的问题，要求我们要在倡导优秀灿烂的中华文化的同时，还需保持着对文学的热情，加强我们自身的文学修养。同时也需要延续优秀的中华文明，推动汉语言文学向产业化、国际化的方向迈进。网络的迅速发展孕育出了一种新的语言形式——"网络语言"。在许多人看来，网络语言是传统语言的变体，它丰富传统语言，也发展传统语言。此外，网络语言还为古老的汉语言注入了新的活力与生机。总体而言，大部分的民众已经熟悉并接受网络语言，但是这种语言形式缺乏统一的标准而不可避免地带来一些负面影响，需要理性看待这种语言形式带给人们生活的利与弊。

（一）什么是网络语言

网络语言是伴随着网络的发展而新兴的一种有别于传统平面媒介的语言形式，这是百度百科对网络语言的解释。它主要用来提高网上聊天的效率或某种特定的需求，因此为广大网友采用。它具有形式简洁的特点，使人们之间的交流简单化，便于被人们所理解。网络语言是虚拟空间中的一种表达形式，其类型多种多样，有数字型，88（拜拜）；谐音型，荡 =download（下载）；字母型，MM=妹妹；符号型，"0.0"表示"惊讶"的表情；同音型，围脖 = 微博；新造类，如"神马都是浮云"等。

（二）网络语言对汉语言文学的影响

网络语言对于网民来说具备独特的魅力，对于专家来说，则由不认同到逐渐重视再到进行研究。对此教育界、学术界对网络语言以及网络文化的发展进行了广泛而深刻的关注，一门新的语言学科在对网络语言的深入研究中诞生——网络语言学。由此可见，网络语言有其自身的社会意义。语言与社会文化之间的联系非同一般，具有互相影响又互相包容的关系。对网络语言来说，虽然现在它还没有完善的理论体系以及研究方法，但是因为虚拟网络以及网络外部环境下的双重磨合，现如今的网络语言已经不再是以前那个杂乱无章的状态了。

网络语言的传播媒介是网络，正在逐渐形成一种语言系统。语言社团的主体是网民，在网络语言系统中，每一个人都可以畅所欲言、表达自己的创新想法，没有人是权威专家，每一个人都可以创造新的词汇、新的语言。这种新的语言一旦得到了大家的认可，就会在网络上迅速传播，流行时甚至从网络中进入现实社会。

生僻字由于网友们丰富的想象力而频繁出现在人们的视野中。对于像"囧""槑"这些生僻字的流行，不同的人有着不同的看法。有人认为这是对汉字的不尊重，是一种恶搞行为，损害了中华民族传统文化；但也有人认为这种方式提升了人们对生僻字的认识，有利于汉字的传播与发展。

网络语言的形成与发展大致经历了三个阶段：第一个阶段是缩略词与谐音词阶段，这个阶段由于五笔输入法并没有普及，于是为了节省时间网友们便在网上交流的时候发明了一些缩略语或者是谐音词，比如，88（拜拜），大大提升了交流速度。第二个阶段是网友们保证打字速度与体现个性的需要，而诞生了许多表情符号，如"0.0"表示惊讶。第三个阶段则是网民们追求新鲜事物的需要，将网络语言进行了丰富。这是网民数量迅速增加、网络应用更加广泛的结果。随着网民数量的不断增加，网络文化作为一种新的文化便诞生了。就汉字而言，它本身就是一个完善的文化系统，体现了中华民族传统文化的悠久历史、审美情趣与价值观念等等，网络文化的存在则是通过文字、图片、声音和视频等将这些传统文化表达出来的一种新的文化成果。例如"囧"字，网民将其意义进行了拓展，也由于它不断频繁地被使用，使得更多的人开始关注古汉字。激发了人们对古汉字的热情，从而使更多古汉字被挖掘出来，出现在人们的视野中。每当一个有趣的汉字出现，网友们都会积极地发挥自己的创意，同时还会感叹先辈的伟大，增加了人们对民族文化探索的热情与热爱。

总而言之，根据文字字形而创造出新含义的行为，不但使得文字的表达富有趣味性、生动性，而且也使得独特的交流方式在网友之间流行。这既满足了年轻网民追求个性的心理特征，又使得更加有特色的网络语言出现。除此之外，网民们的心理需求恰好符合网络语言的这些特征。但是，这些网络语言如果不加以规范的话，很容易对我们现在的语言文字体系产生消极影响，甚至造成文字使用的混乱。比如广告语乱改成语的现象频繁出现，例如"一见钟情"被某品牌口香糖改为"一箭钟情"；某品牌的摩托车打出的广告语"骑乐无穷"，等等。这样的改动会对青少年或文字功底并不扎实的人产生一定的误导。人们关注这些网络新词汇的原因有两点，一是因为新奇有趣，二则是这些网络语言的出现一定程度上符合了网民的社会文化心理。因此网络语言是一把双刃剑，其影响具有两面性，下面两点简述作者看法。

1. 网络语言带来的积极影响

世界上每一种语言都是在使用之中不断进步的，从而进行更新和发展。从文字本身的视角而言，网络语言对汉语言的发展起到了推动作用。如英语，随着科技的进步与社会的发展，每年都有很多的合成词诞生。网络语言丰富词汇的手段有很多，比如缩略、符号、借用一些外来词或者将传统的汉语赋予新的意义等，不但具有多种多样的形式，使用起来更是灵活多变。而且常规语法的规则被网络语言的语法打破，丰富了人们的文字语言表达，且不受传统语言的限制，带给人们生活无限乐趣与色彩。比如，前文提到的"囧"字的流行，使得语言的表达更加形象起来，也带给人们无限的生活乐趣。以一部广受人们喜爱的影片《人在囧途》为例，如果电影名称改为《旅途的尴尬》，则少了几分意味，与《人在囧途》的差距是不言而喻的。除此之外，网络文化带来乐趣的同时还激发了许多青少年对传统文化的兴趣。从另一个视角来看，流行起来的网络文化大多也来自社会的热点人物或事件，侧面反映出社会中存在的一些问题及趋势。人们对于某个社会问题的关注也可能来自于某个网络词语的频繁使用。由此看来，人们对网络语汇出处的频繁关注是网络语言流行的原因之一。如今，网络已经渗透到人们社会生活的方方面面，每个人都可以在网络上畅所欲言，它不仅成为大众表达看法、参与社会生活的最普遍、快捷的方式，更成为信息传播的主要方式。也正是由于信息的传播，网络语言才能得到迅速发展。

2. 网络语言带来的消极影响

首先来说，一部分网络语言偏离了汉语规范。最开始网络语言在很多方面都没有遵循汉语规范，它的普遍使用是为了追求新奇与方便。并且产生了许多词义被曲解、刻意使用错别字等现象，这些情况对教育的负面影响是巨大的。而作为网民主要群体之一的青少年，对于新鲜事物有着强烈的好奇心，他们非常乐于接受新鲜事物，拥有非常丰富的情感，但是却没有很强的辨别是非能力。并且青少年正处于语言学习和培养的阶段，不规范语言表达大量过度使用并接触网络语言，容易养成不好的坏习惯，这对语言学习造成了巨大的不良影响。其次，大量的接触网络语言，会降低我们的书写能力、阅读能力以及对语言的鉴赏能力。网络打破了现实生活的界限，是虚拟的，它营造的是一个文化交流的大世界。网络语言因为其丰富多样和巨大的张力建造了一种新的语言模式。这种直白的文字和特殊的表达方式迅速渗透到了传统的语言文化中，逐渐使得传统语言文化的功能淡化。国际之间的沟通交流随着经济全球化时代的到来而变得愈加频繁，不单只是国际之间的经济贸易，文化产业的交流也随之而来。语言作为交流的载体而逐渐受到人们的重视。在新时代背景下，中国在国际间的影响力不断扩大，人们对汉语则有了更多的关注，汉语的广阔前景也逐渐发展着。外国人逐渐感受到了中国古老文化的魅力，体验到了汉语言文学的精彩，所以越来越多的国家都在积极倡导汉语的学习，在世界范围内掀起了一股学习汉语的热潮。中国是一个语言文字起源大国，经历了长期发展的汉语，拥有着深厚的历史积淀。做好规范的汉语言文化传播是文化的需要，更是一座建立国际友好关系的桥梁，规范汉语言在国际交流中拥有重大的意义。在新时期，汉语言迎来了新的发展机遇与挑战，因此要大力传播汉语言文化，扩大汉语言文化的影响力，逐步实现汉语言文化的产业化和国际化。当然想要实现产业化与国际化这条道路还需经历很多挫折与实践。并且汉语言文学如何发展、怎样实现更大范围的发展，还需要树立一个长期发展的目标。这需要我们积极有效地去探索、去实现产业化和国际化。在这一点上，汉语言文学需要在注重树立本身特点的同时，提高自身的影响力与影响范围，进一步实现突破与提升。

（三）汉语言如何应对现代网络语言的冲击

网络语言地位尤其突出的重大原因便是因以网络为特征的信息时代的发展，所以，对于网络语言，不能一味地拒绝。应当在把握网络语言进入全民交际的关口上，认真研究相关内容以及网络现象，处理一些相关问题、规范网络秩序，针对网络语言的吸取做正确、规范的引导。不能仅靠禁止手段来规范网络用语，单纯的禁止只能带来负面影响，反而会引起网民的逆反心理。应该主张以疏导为主的应对措施，将生动有趣、意味新奇且符合汉语字词规范的网络语言尽可能地纳入主流语言规范中。对于不合规范又缺乏实际语言价值的各种网络语言符号加以治理。

三、新媒体环境下汉语言文学发展探究

随着全球化进程的加快，国际之间的交流也越来越频繁，除去政治经济方面的交流，文化之间的交流和发展也成为各个国家之间交流的重要方面，成为各个国家地区的一座友好桥梁。随着网络的发展与新媒体技术的不断更新，各国之间的文化交流正在以无法想象的速度进行，国际文化在进行交流融合的同时，也带来了一系列需要思考的现象与问题。

（一）新媒体环境下汉语语言存在的困境

新媒体的传播环境促进了汉语的新的环境和机遇的产生与发展，现代汉语的词汇以及表现形式则被网络语言所丰富。但是同时新的问题与困境也出现在汉语

言文学的发展中。作为一种恶搞形态存在的网络流行语，在带来所谓的"娱乐狂欢"的同时对传统的道德观、历史观、群体观以及社会家庭等所造成的冲击，更是对大众文化的一种消融、消解与异化。

在新媒体时代，纸媒遭受了很大的冲击。大众对纸质媒介使用的频率逐渐降低，如了解资讯、接收信息、进行交流等行为都转为采用网络平台。同时，采用纸质媒介进行信息传递的频率也越来越少。从早期的网络邮件、手机短信再到SNS社区网站的交流，到目前火热的微博、微信等，预示着我们进入了网络时代，交流方式越发的多样化，从而逐步进入了多屏时代。人们的生活方式和生活习惯逐渐被网络平台所改变，这是由网络平台的及时性、互动性以及传播速度等一系列优势所引起。与此同时，人们在用语及书写习惯方面发生了一些改变，更多地是采用电子方式来进行打字，纸质媒介的书写习惯逐渐被人们淡化，以致提笔忘字的现象时常发生。人们对电脑打字的依赖使得汉字书写的魅力被人们忽视，汉字字形的美感也被视而不见。

网络传播的出现造成了一种自媒体化现象，人人都可以在网络上面进行发声发言，都拥有着表达权利。但是这种自媒体式的发言缺乏一定的把关，从而导致网络传播言语内容出现碎片化、谣言化现象。这种现象的出现给网络受众带来了信息传播方面的污染，更是将信息垃圾、碎片化的思维方式以及碎片化的不良接受习惯带给大众，导致人们缺乏深入的逻辑思维和思考能力，这非常不利于现代汉语的发展。网络媒体的主要受众是作为社会中坚力量的年轻人，这种碎片式的思维方式和习惯不利于他们形成正确的价值观和社会责任感。

（二）解决新媒体下汉语言发展问题的对策

1. 规范汉语言文学教学，引导学生客观地看待网络流行语

在新媒体时代背景下，汉语言文学在一定程度上受到大量涌现的网络流行语言的冲击。在这时，教师应该正确指导学生如何恰当对待网络流行语，发挥引领作用。同时，自身保持客观的态度，不一味地对网络语言进行否定，而是取其精华、去其糟粕。网络流行语虽然将新鲜带给了汉语，但是由于其参差不齐的水平，导致有的内容符合汉语的发展规律，有的内容则杂乱无章。因此，在教学中适当地加强汉语规范的教学、引导学生科学地认识网络流行语是教师的主要任务之一。

除此之外还需帮助学生正确、理性地认识网络流行语，让他们学会恰当地、有选择地吸取并使用网络语言，并且让他们自觉起来，将维护语言的纯洁与规范作为上网准则。同时，在规范网络用语的时候还需注意规范对传统汉语的教学，培养学生的汉语审美能力，从而让他们体会到凝重、精练的传统语言的魅力。一个人的语言素养与学识就体现在适当地使用传统语言中。

2.加强受众网络媒介素养

受众作为网络媒介的主导，不仅仅是网络媒体内容的接收者，同时也是网络信息的创造者，具有双重身份。网络受众不仅对内容信息进行浏览、复制与评价，同时还在网络上发布相关信息、上传图片等。现实社会的缩影就是网络，网络信息在一定程度上反映了社会价值观。所以从某个角度上讲，受众的媒介素养决定着网络媒介的环境。网络流行语是草根网民们集体智慧的结晶，其质量的高低好坏以及它所反映出的文化价值取向与网民的素养有着直接而密切的联系。培养网络受众的媒介素养与营造健康的网络环境息息相关，养成良好的上网习惯与网络用语习惯对于一个合格的网民的成长有着十分重要的现实意义。在没有足够网络把关人的当今社会，进一步加强媒体的规范与自律是营造良好网络用语环境的必要途径之一。网络给予受众一个公开自由的话语空间和平台，加强网络平台的把关是避免网络信息低俗化与非主流化的重要手段，也是遏制不良信息的重要途径；对网络舆论进行必要的引导，加强媒体的行业规范和自律，是对培育健康、绿色的网络传播环境应有的行业责任。汉语是不断演变发展的，新媒体时代也是汉语发展的一个阶段，网络流行语的产生是汉语演变过程中已经历经的过程。究其本质，网络流行语正是基于广大群众对自我的强烈表达意愿而出现，是草根文化的证明，社会文化存在于每一条网络流行语中。对于网络流行语，我们应该持有正确的态度，取其精华、去其糟粕，正确规范使用。

四、全球化背景下汉语言文学发展的思考

我国文学领域的文化瑰宝之一便是汉语言文学，进行全面、系统的汉语文学的学习才能充分了解我国的诗词歌赋及文学著作。随着经济全球化的到来，全球化不仅仅表现在经济方面，还表现在文化和其他领域。全球化风潮一方面促进了各国的经济交流，另一方面则实现了不同国家之间的文化交流，语言也渗透在其

中。其实，全球化为不同国家的发展都带来了机遇和挑战。在世界文化繁荣的今天，文学拥有很大的发展空间。我国汉语言文学的发展走向是不错的，可以借助经济全球化而走向国际化。更多人了解汉语言文学的同时也能在全球化的推动下进一步发展。

（一）汉语言文学发展的背景

国际的交流与沟通随着经济全球化而愈发频繁，不仅在国际的经济贸易上有所体现，而且在文化产业的发展中也得到展现。语言作为重要的交流媒介，正在逐渐受到人们的重视。于中国而言，汉语言历经了一个长期的发展与变迁，在新时期，中国在国际舞台的影响力逐步扩大，人们对于汉语的关注度也逐渐增高。许多外国人正积极地学习汉语，接触古老的中国文化并感受汉语言文学的无穷魅力，由此在世界范围内掀起一股学习汉语的热潮。当然，离汉语言文学实现产业化与国际化的目标还需走很长的道路，于汉语言文学的发展而言，需要树立更长远的发展目标。

（二）汉语言文学发展面临的问题

1. 国际化背景下的冲击和挑战

在西方文化的强烈攻势下，尤其是在英语语言冲击下，现在的人们将时间放到学习英语上，导致英语学习时间远比汉语更长。中学期间的升学压力非常重要，且到了大学，就业压力则处于第一位。凡遇求职，大部分公司都需要职员出示英语四、六级证书。另外一方面则是出国的需要，这对英语的要求更高，托福和雅思占用了多数人的时间和精力。国际化的理念给汉语言文学带来了发展机遇与挑战，但同时，大量的外国文学作品也趁机进入中国市场，导致汉语言文学在中国的文学市场发展受阻。从这一角度看，前所未有的挑战出现在我国的汉语言文学发展中，所以必须采取相应的措施和策略来抵御西方文化给汉语言文学发展造成的巨大冲击，同时还须严格要求作品质量，不能有片面化的思想，将国外的所有作品都认为是好作品，而需要对这些作品进行筛选，选取真正优秀的好作品。

2. 古代汉语发展受到严重冲击

近几年来，古汉语的发展存在发展困境，一些文史类的高校不断增加古汉语文学专业方面的招生条件，导致招生人数减少。现代人推崇应用性专业，将精力放在追求物质主义、实用主义方面，现代社会学生报考的重点更多是金融、信息技术等专业，因为这些专业能在学生毕业之后找工作时提供更多就业机会，使学生今后的人生也有更好的发展。但是古汉语专业的发展空间比较有限，毕业生很难找到专业对口的工作，就业难度比实用性专业要大。

3. 现代汉语言文学受到严重冲击

从我国中小学、高等教育的发展历程来看，处于中学阶段的学生必须在数理化还有外语的学习上运用主要精力，对于语文的学习也只是在应试教育模式之下。处于这个阶段的学生除了平时的正常学习之外，没有更多的时间进行现代汉语文学的课外阅读，导致很多学生在这方面的阅读量很少。到了初三、高三，需要应付考试中的作文，一些语文教师便要求学生们大量阅读期刊上面的短篇文学，但是短篇文学属于一种快餐文化，虽然从表面上看是一些非常有哲理性的话，但是却没有什么实际的意义。进入大学后，学生们还是依旧没有时间进行文学阅读，他们将主要的精力放在社会实践上，锻炼自己的专业技能，为以后毕业就业奠定基础。就业以后，工作便成为他们精力消耗的主要来源，现实社会快节奏的工作学习方式使得他们更加没有时间去阅读与工作学习"无关"的汉语言文学。

4. 外语的学习热度在不断提升

全球一体化的发展趋势使得很多人在实用主义思想的指导下，开始用外语装点自己，挤出业余时间用于学习更多的外语知识，英语专业毕业生的急剧增多是前几年英语专业报考热潮的结果，使得一些毕业生难以寻找到合适的工作。在这两年，人们又对小语种的学习产生了兴趣，阿拉伯语、西班牙语、法语等这一类的外语又成为人们学习的热点。由此看来，外语的学习热潮是有内在推手的，中学阶段的中考、高考英语分值和语文、数学是一样的，到了大学更是有英语四六级考试，虽然教育部取消了四六级合格证书，但是四六级考试依然保留了下来，并且还有成绩单证明。这种成绩单则成为用人单位招聘的四六级证书的替代品，除此之外出国深造也需要学习并考试英语科目。这一系列的要求促使人们不能放弃对外语学习的热情，并且这种热情会对人们学习自己本国语言的热情造成打压。虽然经过多年的艰难发展，我国文学取得了一些成就，其中莫言获得诺贝尔文学奖就是典型的代表，但是在国内又有多少人阅读过莫言的这些作品呢?

（三）全球化带来了巨大的外文冲击

虽然全球化给汉语言文学带来了一定的发展机遇，但是外国文学也趁机而入，大量涌进我国的文学市场，影响了汉语言文学在我国文学市场的地位。汉语言文学在走向国际舞台的同时也需要拓宽本国的文学市场。我国汉语言文学的市场地位受外国文学作品大量涌入的冲击，从这方面来说，全球化背景下，汉语言文学面临着发展困难的挑战。所以在面对外国文学作品冲击的时候，我们更应该严格把控质量，不能全盘接受外国文学，而要取其精华弃其糟粕。同时加强我国汉语言文学的普及教育工作，在教育工作方面加大汉语言文学的教育力度，特别是对于在校生而言，更应该进行汉语言文学教育。只有我国汉语言文学的市场占有率、地位上升，才能抵御外来文化的冲击，进而促进汉语言文学在我国社会、市场中的发展。汉语言文学与外国文学有着较大差别，且拥有自身鲜明独有的特点。其种类繁多、内容丰富多样，非常符合我国的教育体制，这也是汉语言文学的发展优势。应对全球化浪潮时，应该更好地发挥汉语言文学的优势，让其得到广泛的推广及普及教育，从而使得更多人接触到汉语言文学，全面推进汉语言文学的发展。

（四）全球化背景下汉语言文学的发展措施

汉语言文学发展的良好平台是全球化，但是中国文学市场同样被一些不利因素影响着，我们必须提升汉语言文学的主体地位，才能应对来自外国文学的巨大冲击，以此来保障汉语言文学在国内市场的健康稳定发展。

1. 树立起产业化发展的理念

古汉语是中国传统文化的基础，也是汉语言文学最庞大的素材宝库，它具有着重要的意义，特别是对汉语言文学的发展来说。白话文随着近代历史的发展和变革开始兴起，汉语言文学作为一系列中国传统文化的集结，也开始了一场变革与发展。然而现代青少年正在逐步减弱对深入学习、研究汉语言文学的耐心。汉语言文学的产业化发展应该由汉语支撑，并与由汉语表达的中国价值观理念相结合，而不是由汉语所描绘的其他文化内容，这方面需要多加注意。

2. 树立起国际化发展理念

需要对汉语言文化的全球化发展做好全面规划和细致分析。于汉语言发展而言，实现全球化发展重要的一点则是汉语的国际化，让汉语被更大范围地接受。这是汉语言发展的一个重大前提，中国文化走向世界要求我们将语言作为重要代表，为汉语言的发展提供很好的平台。

3. 借鉴外文的推广方式

全球化背景下，我们可以很清晰地看见国外一部分先进的、科学的文学推广方法和手段。外文在我国拥有很好的发展速度及发展势头，我们可以去学习他们先进的推广方式。与此同时，实现各种技术的交流与沟通，收集相关资料的工作可以通过在网络或者图书馆查找等手段来实现，也能够非常容易地了解到外国先进的推广理念。所以我国在汉语言文学的推广方法及具体举措上可以学习与借鉴国外先进的、科学的推广理念，采用科学有效的推广方式促进我国汉语言文学的发展。除此之外，外国在文学方面的保护工作也非常到位，值得我们进行学习与借鉴。

4. 加大汉语言文学的外语翻译工作

如同一些经过翻译后的英文著作走进我国文学领域一样，汉语言文学要走出国门、走向国际化舞台，首先得做好外语翻译工作。全球化带动我国汉语文学发展的首要条件便是汉语言文学必须能够被推广。在推广工作面前不能光想着让别人来迎合我们，要主动采取有效举措让别人来了解。汉语言博大精深，但是不懂我国文学的外国人就会看不懂这些著作，这就会导致汉语言的国际化进程缓慢。我们需要牢牢把握全球化带来的经济、文化的交流机会，将汉语言文学推广到国外，做好汉语言文学的翻译工作，将更多优秀的汉语言文学作品翻译成外文，同时提升翻译的质量。一般而言，将汉语言文学翻译成外文是非常有难度的，所以需要选拔、挖掘一些专业知识与外文翻译都非常优秀的人才来进行汉语言文学的翻译工作，只有提升翻译质量、将汉语言文学翻译工作做好，才能使汉语言文学被广泛推广到全球。在当今全球化背景下，很多方面都将达到国际化标准，汉语言文学也必须要达到国际化标准，只有达到国际文学的欣赏水平与国际的认可，我们的汉语言文学推广工作才能顺利进行下去。

总体而言，在全球化的大背景下，汉语言文学在得到好的发展机遇的同时也面临着一些冲击与挑战，所以我们既要把握机遇，针对具体问题具体分析，又要研究对策与策略，化解不利因素，以实现汉语言文学的长足发展。

（五）汉语言文学的全球化展望

想要走出具有中国特色的全球化道路，汉语言文学必须着手于全球化。虽然全球化的道路非常坎坷且漫长。但是我们坚信，只要发挥我国的综合国力优势，坚持加强对外汉语言文学的教学发展，那么这一目标必然在不久的将来会实现。现在国外的一些学校重视汉语言教学，孔子学院纷纷设立与普及，这便成为我们对外发展汉语言文学的最有力证明。

我国文学 2012 年莫言获得诺贝尔文学奖而受到国际社会广泛关注，但是我们需要对汉语言文学的国际化道路任重而道远的现状有清晰的认识。同时也要看到，要将汉语言文学推向国际并得到认可，我们依然面临着诸多严峻的挑战。

今天，国际化进程不断加快，我国的汉语言文学面对着巨大冲击和挑战的同时也有机遇在出现，只有充分把握在汉语言文学发展道路上的这些机遇，并结合当前的国际形势来确定可行的、实际的举措以及策略，才能消除一些不利因素影响，并解决一直出现的问题，使得汉语言文学走上一条康庄大道。

第四节　中国现代文学概述

一、中国现代文学产生的重要条件

从鸦片战争到戊戌变法，清政府先后进行了多次改革，但均以失败告终，其中最具历史意义的改革就是 1898 年的戊戌变法。19 世纪与 20 世纪之交，中国文学已在外部与内部做出了双重的现代化努力，许多观念性的变革都在 1898 年前后发生，从社会的组织结构上寻求变革，带动文化机制的变化，进而影响到文学。当时的历史背景决定了现代文学既是社会大振荡、大阵痛和大调整的产物，又是中西文化大撞击和大渗透的产物。

胡适曾在《五十年来中国之文学》中说："这五十年（1872—1922 年）是中

国古代文学的结束时期，也是白话文学获得最后胜利的时期。最后胜利的标志就是 1916 年以来的文学革命运动。"在这段文字中，虽然胡适所言不多，但是有一点成为所有新文学史叙述的前提，那就是将新文学视为与中国古代文学截然不同的文学，并以此建立新、旧文学的分界。1916 年以来的文学革命不仅赋予了文学白话文的形式，而且体现了这个时代中国文学对现代化的追求。

（一）近代知识界的形成

这里所说的知识界并不是指由知识者组成的团体，而是指在近代中国的各种社会力量的作用下所形成的话语的空间，是知识、文化、思想和实践的阵营和领域。近代知识界不仅是中国现代文学产生的条件和背景，也为中国现代文学提供了充足的动力和资源。

1. 知识分子角色的转换

衰世危机掀起了社会的批判思潮，寻找救世之路成为近代思想解放的先声。西方的器物、政体及风俗，引起了知识群体的关注，为国人打开了放眼西方的视域。在借鉴西方经验的过程中，不断的失败使知识群体意识到封建体制的弊端，也使他们开始重新寻找新的体制。知识群体在变法中逐渐确立了自己的现实判断和实践原则。

在谋求国家发展和民族振兴的过程中，知识群体将自己从传统的思想意识中解放出来，对自我有了全新的认知，他们不再是传统的知识分子，而是初具现代思想萌芽的现代知识分子。这是新型知识者的标志之一。

2. 近代报业的兴起

中国报业是随着知识分子的身份转换而产生的，具有深远的历史意义。报业的兴起在某种程度上令经学体系中游离出来的知识者获得了真正意义上的集结——一个新的知识视界、新的知识组织及传播形式的建立并在此基础上的集结。报业开辟了一方的领域，这方领域是为近代知识的传播和社会资源、思想资源的组织而开辟的，报纸是文学现代化全民总动员的载体和工具的同时，也是一个民族现代性实践的标志。从文学发展的过程来看，报业为具有现代性的文学的诞生和成长提供了重要条件：一方面促使文学作者由古代士大夫转变成近代以稿费和版税为生、具有独立地位的知识分子，催生出一批具有真正独立思想的作家。另一方面，培养和造就了成千上万的文学读者，使文学呈现出多元的状态。古典文学具有阶级性，平民百姓没有机会阅读、创作文学作品，而现代传媒，如报纸、杂志等，出于对商业利益的考虑，要适应市民周末休息和娱乐的阅读需求。例如，刊登大量通俗性的连载小说；关心市民的诉求，帮助他们解决问题。报业的发展促使文学读物变得形式通俗化，情调趣味化，内容世俗化。这类文学决定着通俗文学的走向。中国古典文学在以前以诗文为中心，到了戊戌变法，开始转变为以小说、戏剧为中心，这一变化是在维新派人士以及近代报纸、出版业等传媒的共同推动下而形成的。

3. 学会的涌现

以成立于 1895 年 11 月的北京强学会为开端，在此后 3 年间不断成立的学会分布于 12 个省份的约 30 个城市。这些学会为中国输入了具有近代性质的知识，讲求新知，倡导教育，开启了近代知识界新的实践领域，包括兴办学堂、创立图书馆、购置科学仪器、出版学报和书籍等。

以上三个方面表明中国近代知识界的形成是中国现代文学产生的重要条件之一。

（二）白话的兴起

中国现代文学是以白话为媒介并且以"国语的文学，文学的国语"为宗旨。白话是近代以来一系列话语实践的生成之物。在中国近代社会文化和知识语境中，"白话"并不是确定的语言学实体，而是社会文化实践所要寻找和构建的目标和对象———一种普及教育、开启民智的工具，一个富国强民的良方。这个目标经过一系列的转换和过渡，最终落定在"白话"这个概念上。

最早提出"言文合一"的是黄遵宪。1887 年，他完成了《日本国志》一书的著述，他自谓"曾述其意"的文字中有这样的话："若小说家言，更有直用方言以笔之于书者，则语言文字几乎复合矣。余又乌知夫他日者不更变一文体，为适用于今、通行于俗者乎？嗟乎！欲令天下之农、工、商、贾，妇女、幼稚，皆能通文字之用，其不得不于此求一简易之法哉！"① 时隔一年，黄遵宪写信给严复，希望严复做两件事：第一为造新字，第二为变文体。他说："公以为文界无革命，弟

---

① 陈志扬，李斌. 中国古代文论读本（第 4 册 明清卷）[M]. 开封：河南大学出版社，2019.

以为无革命而有维新。"①黄遵宪关于语言变革的观念，与当时广泛的社会变革的要求息息相关。不过这更多的是他切身写作的独特体验，并不单纯是符合潮流的诉求。虽然他的探索最终并没有达到放弃文言文改用白话文的地步，但是他有了新诗盛行所具备的前提性觉悟——书面语变革。

极力主张采用白话文的还有裘廷梁，他认为"白话为维新之本"（裘廷梁《论白话为维新之本》），提出的"崇白话而废文言"的口号，成为倡导"白话文运动"的先驱。1898 年，他在《苏报》上发表了著名论文《论白话为维新之本》，正式举起了"崇白话而废文言"的大旗，也正式揭开了 20 世纪文言与白话之争的序幕。

1896 年，梁启超在《论幼学》《沈氏音书序》等论文中引用了黄遵宪的观点，反复论述了"言文分离"之害与"言文合一"之益。梁启超的基本观点是："欲维新，欲开民智，必须言文合一。"②梁启超创制了"新文体"，向白话文迈出了第一步。

1900 年，维新志士之一的陈荣衮在《知新报》上发表了《论报章宜改用浅说》一文，呼吁报章文字的通俗化。文中明确提出："大抵今日变法，以开民智为先，开民智，莫如改革文言。不改文言，则四万九千九百万之人，日居于黑暗世界之中。"③报章文字的通俗化，形成了不同于传统古文的报章文体，这是文体语言的一大变化。

总之，"崇白话、废文言"的宣传层出不穷，不仅在思想启蒙和推动革命方面发挥了重要作用，而且为中国现代文学的出现奠定了重要基础。

（三）文学界的观念变革

从晚清开始的中国文学观念变革，首功归诸梁启超。诗界革命、文界革命、小说界革命的变革观念都是由梁启超提出的，为"五四"白话文运动奠定了基础。

1. 诗界革命

中国文学以诗歌为正统的特点一直延续到清代，晚清文学的革命的出现则打破了这种格局。一场戊戌变法前后的诗歌改良运动也叫诗界革命。它的出现冲击了长期统治诗坛的拟古主义、形式主义的倾向，对作家努力反映新的时代和新的

---

① 彭会资 . 中国文论大辞典 [M]. 天津：百花文艺出版社，1990.
② 马双 . 中国现代文学 [M]. 武汉：武汉大学出版社，2014.
③ 刘大胜 . 五四那些思想 [M]. 沈阳：万卷出版公司，2019.

思想提出了要求，并且部分新体诗语言趋于通俗，不受旧体格律约束。这对于解放诗歌表现力起到了重要作用。梁启超认为诗界革命要达到三个标准：新意境、新语句、以古人之风格入之①。梁启超的观点说明他主张的诗界革命是革其精神而不是革其形式。

真正以诗人面目倡言诗界革命的是黄遵宪，他在 1868 年的《杂感》中写道："我手写我口，古岂能拘牵？"②黄遵宪提出了推陈出新的一整套诗界革命纲领。

黄遵宪历经了一些动乱，所以他比较关心现实，主张通今达古以"救时弊"（《感怀》其一）。1877—1894 年，他先后到过日本、英国、美国、新加坡等国家，都是以外交官身份去的。他亲自接触了西方文明并考究了日本明治维新成功的经验，明确确立起"中国必变从西法"（《己亥杂诗》第四十七首自注）的观念，并在新文化思想影响下开启诗歌创作的新探索。他深感古典诗歌"自古至今，而其变极尽矣"，再继为难；同时他也深信"诗固无古今也""苟能即身之所遇，目之所见，耳之所闻，而笔之于诗，何必古人？我自有我之诗者在矣"（《与朗山论诗书》）。他沿着这条道路进行创造性的实践，突破古诗的传统天地，形成了足以自立、独具特色的"新派诗"，被梁启超誉为"独辟境界，卓然自立于 20 世纪诗界中"（《饮冰室诗话》三二），成为"诗界革命"的巨匠和旗帜。

2. 文界革命

"文界革命"的口号是梁启超在 1899 年提出，主要目的是借鉴日本以及西方的思想及表达形式，创造一种"新文体"。梁启超"文界革命"的具体内容主要为：在吸收希腊与罗马的雄辩体与英法近代随笔体的基础上再结合来自魏晋文章的狂放风格，将古文从"义理、考据、辞章"中解放出来，用西方的近代思想代替圣贤经典章句的道理，用丰富多样的世界来进化维新的历史史实，突破拘谨的考据，用俗语以及外来语写文章，丰富文章的表达方法。

新文体在具备新颖思想、文白夹杂的同时还具有平易豁达、笔锋深含情感，是一种具有很强的鼓动力文体。

---

① 马双 . 中国现代文学 [M]. 武汉：武汉大学出版社，2014.
② 秦言 . 中国历代诗词名句典 [M]. 北京：中国商业出版社，2011.

3. 小说界革命

梁启超在《论小说群治之关系》中写道:"欲新一国之民,不可不先新一国之小说。故欲新道德,必新小说;欲新宗教,必新小说;欲新政治,必新小说;欲新风俗,必新小说;欲新学艺,必新小说;乃至欲新人心、欲新人格,必新小说。何以故?小说有不可思议之力支配人道故。"

(四)文学创作成就

在中国现代文学产生前,各类文体成绩厚薄不均。观念的变革不能将所有文体都直接转换为文学的实绩。在诗歌创作方面,该时期出现的"南社"诗歌团体的影响力最大。在戏剧创作方面,主要表现为"戏剧改良"。在这一时期,对文学现代化具有实际意义的是政论散文和小说。

"文界革命"催生了大量政论散文。甲午战争后,文体已有改变的趋势,其中以梁启超的《政论》为代表,他的文体浅近,间杂俚语,已与清代桐城派的古体大为不同。梁启超《新民说》的中心思想就是启蒙,就是提出批判改造中国的国民性,制造中国魂等问题。章太炎等革命派散文,与梁启超的"新文体"散文一样,依托现代传播媒介来宣传自己的主张。"变法维新"的对象从朝廷与当政者,到一般读书人。章太炎国学造诣精深,是"有学问的革命家"。这一派的代表作品还有孙中山的《革命成功全赖宣传主义》、邹容的《革命军》、陈天华的《警世钟》、秋瑾的《敬告中国二万万女同胞》等。

辛亥革命后,散文上具有卓然成就的还有章士钊。他对现代中国散文的贡献就是以西方的逻辑思路来组织思想材料。

这个时期的小说没有像散文那样拥有精神价值支撑,散文是精英知识分子的产物,而这时期的小说主要导向平民化市场,那时没有获得启蒙的中国大众没有足够高雅的需求,小说内容严谨与游戏并存,后期倾向以消遣游戏为主。

梁启超的"小说界革命"只是提出了一些小说很难去承担的理想化的社会使命,并没有带来纯粹文学的小说观念,在清朝末年(1912),中华民族面临着深重的危机,广大群众对清政府的无能与腐败深感无望,这时那些具有改良思想的小说家们纷纷撰写抨击时弊的小说,这一类型的小说被称为"谴责小说"。《官场现形记》《二十年目睹之怪现状》《老残游记》则是这类小说的最高成就。

《官场现形记》的作者为李宝嘉（1867—1907），全书共五编 60 回，由许多独立成篇的短篇故事组成。书中描写了一群大大小小的封建官僚和清政府对帝国主义的屈辱投降，突出反映了封建统治阶级与人民的矛盾。

《二十年目睹之怪现状》的作者为吴沃尧（1866—1910），全书共 108 回。该小说主要采用第一人称的记叙方式，以主人公"九死一生"的经历和所见所闻作为线索，记录了当时社会上的一些怪状。中法战争后 20 年间中国社会的种种丑恶现象都在书中近两百多个小故事中形象体现。

《老残游记》的作者为刘鹗（1857—1909），全书共 20 回。该小说通过描写江湖医生老残在四处行医途中的所见、所闻、所为，反映了晚清黑暗、腐朽的社会现实。该小说在艺术上具有一定的特色，语言精练准确，形象鲜明生动，是同类小说中艺术成就最高的作品。

清末开始有文人翻译外国小说，因此，西方小说的叙述方式对中国现代小说的创作产生了重要的影响。清末翻译小说中影响较大的主要有周树人兄弟的《域外小说集》和林纾的翻译小说。林纾（1852—1924），字琴南，号畏庐，福建闽侯人，近代文学家、翻译家。他一生翻译欧美小说 180 多种，1200 多万字，世称"林译小说"。他翻译的小说中比较有影响力的是《巴黎茶花女遗事》和《黑奴吁天录》。

综上所述，虽然这一时期在文学创作上取得了一些发展，但这十几年的文学还不能说是现代文学。"谴责小说"虽然已经是白话小说，但其格式仍然是旧的章回体。"新文体"已能相当自由地表达感情，描述时事，然而文字还是半文半白，并未完全做到他们主张的"言文合一"。至于诗歌，其形式也未受到触动，只是一种增添了新思想、新题材的旧诗词。梁启超等人的理论，从其观点到词汇，还保留着许多古文的特征。虽然一切都还处于"半新半旧"的状态，但是该时期的文学作品为现代文学的产生奠定了基础。

二、中国现代文学的开端与发展

梁启超等人提出的新民思想和文学观念上的改革，以及大量白化文小说的出现，为文学革命提供了思想和文化基础。1917 年的文学革命标示着古典文学的结束，现代文学的起始。

（一）新文化运动

新文化运动发生在继维新变法和辛亥革命之后的 1915 年。辛亥革命后，国家形势越来越混乱，一批先进的知识分子开始寻求救国的新出路。以陈独秀为代表的一批知识分子将《青年杂志》更名为《新青年》，新文化运动从此拉开序幕，向西方学习成为不可阻挡的浪潮。

新文化运动的代表人物有陈独秀、李大钊、胡适、鲁迅、蔡元培等。在新文化运动初期，他们纷纷著文，批评旧社会和旧文化，在当时起到了开路先锋的作用。

新文化运动以民主与科学为口号，以提倡新道德、反对旧道德，提倡新文学、反对旧文学为旗帜，提出重新估定一切价值，以彻底地反封建为主要精神，极大地启发了人民的民族意识，为 1917 年的文学革命和 1919 年的五四运动奠定了思想基础。

新文化运动是一次伟大的思想解放运动。新文化运动广泛引进和吸收西方文化，抨击文化专制主义，倡导思想自由主义，促进了民众的觉醒，唤起了人们对国家政治事务的关心。新文化运动是一场全面的文化转型运动，中国的政治、思想、伦理观念、文学、艺术等方面都被它深刻地影响着，但新文化运动的全盘否定中国文化的思想，认为中国的一切都是落后的，而西方的一切新文化都是先进的观点具有片面性。随着俄国十月革命的胜利，中国的先进知识分子不约而同地把眼光转向俄国，开始宣传马克思主义。

（二）文学革命

文学革命作为新文化运动的一个组成部分，实现了对封建主义的批判到对封建主义文学的攻击的转变，促使新文化运动演变成一场文学革命运动。

1917 年 1 月，胡适在《新青年》杂志上发表了《文学改良刍议》一文，该文章就中国旧文学的各种不足与弊端，提出了关于改良文学的八项主张。同年 2 月，陈独秀发表了《文学革命论》一文与之呼应。随后，一大批先进知识分子聚集到《新青年》编辑部工作。于是，一场以"反对旧文学、提倡新文学，反对文言文、提倡白话文"为主要内容的文学革命运动，以《新青年》杂志为主要阵地轰轰烈烈地开展起来，至此，中国文学的演变与发展进入了一个全新的阶段。

胡适（1891—1962），原名胡洪骍，字适之，安徽绩溪人，现代学者、历史学家、文学家、哲学家，新文化运动和文学革命的主要倡导者和领导者之一。胡适在《文学改良刍议》中，提出了"文学改良，须从八事入手"的主张。"八事"，即"须言之有物，不摹仿古人，须讲求文法，不作无病之呻吟，务去滥调套语，不用典，不讲对仗，不避俗语俗字"。胡适从"八事"入手，重点指责旧文学的弊端，初步涉及文学内容与形式、社会功能、真实性与时代性等一系列"文学的根本问题"。书面语要与口头语相近、以白话文学为"正宗"，这是《文学改良刍议》所提出的主张。作为革命第一篇宣言的文章，为胡适在文学革命中的地位奠基。

高举文学革命大旗，表明更坚定的文学革命立场的人是陈独秀，他的《文学革命论》提出了著名的"三大主义"，即"反对精细的、阿谀的贵族文学，建设近人的、抒情的平民文学；推倒迂腐的、铺陈的古典文学，建设创新的、立诚的写实文学；推倒晦涩的、艰难的山林文学，建设简单的、通俗的社会文学"。这三大主义可以说是文学革命的理论纲领，其基本精神是打倒封建的旧文学，建设写实的新文学。同时，他把文学革命当作"开发文明"、改变"国民性"并借以"革新政治"的"利器"；同时认为"文学之为物"，有"其自身独立存在之价值"。这是对梁启超"工具"论的反驳，是向整个封建旧文学宣战，把晚清以来的文学改革运动推向了最高点。

随后钱玄同、刘半农等人也相继响应，文学革命形成了巨大的声势。钱玄同（1887—1939），浙江吴兴人。他早年留学日本，曾任北京大学、北京师范大学教授，参加了新文化运动，提倡文学改革，曾倡议并参加拟制汉语罗马字拼音方案，是我国著名的语言文字学家。和"五四"时期的其他文化名人相比，钱玄同的突出之处在于其激进的姿态和偏激的个性。他率先明确抨击"选学妖孽、桐城谬种"，并与刘半农合作"双簧戏"，给旧文学阵营施以沉重的打击。

刘半农（1891—1934），原名刘寿彭，后改名为刘复，江苏江阴人，现代诗人。1917年5月，他在《新青年》上发表了《我之文学改良观》，这是一篇对文学革命的发展具有一定影响的文章。文中主张打破对旧文体的迷信，采用新式标点，从音韵学角度提出"破坏旧韵，重造新韵"的设想。这些主张、设想对于新诗的创新和白话文形式的普及具有促进作用和指导意义。1918年，为扩大《新青年》的影响，引起社会更广泛的关注，特别是对一些守旧派的思想进行全面批判，钱玄同和刘半农经过一番策划，决定以一反一正两种截然不同的观点写文章，从而引起争论，批驳那些腐朽落后的、反对新文化运动的顽固派。这一"双簧戏"引起了社会的广泛关注，产生了扩大新文学的积极影响。

1918 年，胡适创作《建设的文学革命论》，提出"国语的文学，文学的国语"，并将这个作为文学革命的宗旨，自发地对白话文运动和国语运动进行结合，远远超过文学领域上的意义。

周作人发表的《人的文学》《平民文学》等文章，以个体本位思想为指导，倡导表现"人"的思想需要新文学内容从"肉"与"灵"的统一中出发，进而提出了"为人生的文学"口号，主张"以人道主义为本，对于人生诸问题，加以记录研究"的文学，并提出"以真为主，美即在其中"的创作准则。"人的文学"概括了新文学的内容，阐述了新文学区别于旧文学的本质特征，对"五四"时期表现个性解放主题的创作产生了重要影响。"平民的文学"反对特权贵族、张扬自由平等的文学观，显示出"五四"以后"为人生"的文学思潮的萌芽，体现了时代精神。

鲁迅在《新青年》上发表的《狂人日记》，胡适与《新青年》同仁的《白话新诗尝试》,《每周评论》《新潮》《星期评论》《少年中国》与京沪四大报纸副刊上的新文学创作标志着文学革命取得了全面胜利。

（三）文学革命论争

文学革命将抨击旧文学作为首要对象，与守旧的文学思想和势力发生冲突和斗争是必然的。在 20 世纪 30 年代的文学论争中，新文学的意识、语言与封建的、旧的文学传统之间的分歧与斗争体现出来了。

首先是蔡元培对以林纾为代表的老牌守旧分子的批判。

在引介西方文学方面有卓越成绩的近代翻译文学先驱林纾，拥有着十分顽固的旧文学观念，将文学革命看作是洪水猛兽。他通过《致蔡鹤卿书》来指责新文化运动和文学革命，认为新文化运动和文学革命是"覆孔孟、铲常伦"。

北京大学校长蔡元培（字鹤卿）在《答林琴南书》中，义正词严地予以驳斥，并宣称："循思想自由原则，取兼容并包主义。"[①] 林纾在上海的《新申报》上

---

① 余俊光．中国现当代文学概论 [M]．成都：西南交通大学出版社，2021．

发表了两篇含沙射影的文言小说《荆生》与《妖梦》。新文化阵营对此予以了反击，李大钊、鲁迅等人都通过发表文章谴责所谓的"国粹家"的历史倒退行为。

其次是与"学衡派"的论争，发生在1922年。"学衡派"是保守主义思潮的代表性流派，学衡派用融汇贯通的中西古今文化思想来抨击新文化运动的激进行为。通过对中外文化进行比较，他们得出了一个宗旨——"昌明国粹，融化新知"。虽然学衡派拥有保守的思想倾向，并且反对新文化运动和文学革命，但他们确实击中了新文学倡导者的某些弊端和要害，例如简单化倾向的创作白话诗以及对传统戏曲等进行过多否定等。鲁迅对学衡派进行反击是通过《估学衡》一文来进行的，郁达夫、成仿吾、沈雁冰、邓中夏等相继对保守主义思潮进行了反击。

最后是和"甲寅派"的论争。1925年，章士钊在《甲寅》上发表了《评新文学运动》等文，提出"废弃白话""读经救国"等思想。新文化阵营对此进行了全力反击。

新文化阵营与保守派的几场论争，促进了文学革命的深入发展，保护了新文化运动和文学革命的成果，为新文学创作和理论建设的道路扫清了障碍。

特别需要强调的是，新文化阵营内部也发生了分化与斗争：十月革命后，马列主义成为新文化阵营的指导思想，《新青年》成为共产党的机关刊物；而胡适在1923年提出整理国故，背离了五四精神，后与《新青年》指导方针有分歧，退出文学革命阵营。

1919年下半年开始，全国白话文报刊呈现一片繁荣景象，有400种之多。到1920年，在僵化的文言被白话取代的事实情况下，北洋政府教育部终于承认白话为"国语"，下令让国民学校采用，白话文运动终于取得全面胜利。"五四"文学革命打开了中国文学史的一个新时代。

（四）文学革命的历史意义

文学革命标志着中国旧文学的终结与新文学的诞生，在中国文学发展的历史进程中具有里程碑意义。

首先，文学观念进行了全面革新。"文以载道""代圣贤立言""游戏消遣"等文学思想不仅被文学革命否定了，而且支撑这些学说的价值观念系统也被否定。文学革命确定的文学思想观念是新体系的建立，并不是对旧模式的修补。"五四"

究

时期崛起的"人的文学""为人生""自我表现"等文学观，都是现代思想体系中的民主、人道、自由思想，都体现了现代人对文学的要求。在这些新的文学思想观念的指导下，中国的新文学重新对文学与上层建筑、文学与社会生活、文学与创作主体、民族文学与世界文学等一系列关系进行了调整，从而使中国文学的整体变革得到推动。

其次，精神的解放更新了创作主体。因为文学革命从整体上使封建意识被现代意识取代，高举人本主义的大旗，所以使得创作主体在新文学中的地位得到突显，从而促使新文学作家的世界观、人生观发生了颠覆性转变，以前固有的思想禁区被突破，充分拓展了思维空间，解放了从封建教条主义的束缚中的创作主体。"五四"时期的新文学家可以自由地抒发自己的思想情感，自由地选择创作题材，自由地确立自己的创作主题，自由地追求自己独特的创作风格，他们的人格能量和创作才情得到了极大的发挥，给中国文坛带来了青春活力。

再次，历史变革了文体形式，文学革命使汉语文学的文体形式发生了历史性的改变，现代白话文取代了文言文的正宗地位，形式自由多样的新诗取代了讲究对仗、平仄韵律、用典的旧诗，追求形散而神不散的现代散文取代了讲究起承转合的古文，话剧文学从无到有，小说的叙述视角、叙事结构发生了彻底的改变。这次中国文学文体形式的历史变革，是自觉的，不是盲目的；是全面的，不是局部的。因此，文学革命不仅是文学创作主体的一次大解放，更是文体的弃旧更新。

最后，文学革命实现了与世界文学的全面对话。文学革命结束了中国文学的封闭状态，成为中国文学走向世界的开端。它带来了中国新文学家之世界文学意识的觉醒，形成了中外文学碰撞交汇的发展格局，"五四"新文学在与世界文学交流的过程中的产生和发展，在与世界文学的全面对话中获得了观照本民族生活的全新眼光，获得了艺术创造的精神营养和形式摹本，使中国文学真正汇入了世界文学的大潮。

综上所述，文学革命带来了文学观念的变化，破除了文笔不分的传统观念，确立了严格意义上的文学观念；改变了仿古风气，发扬了求真精神，从审美内容到语言形式都大大接近生活和人民；文学改良人生，同时又具有自身的独立性；白话由边缘进入中心，成为文学"正宗"；新诗的创立、小说的革新、话剧的传入、美文的倡导，使文体得到大解放。

（五）外来文艺思潮的影响

没有社会变革的内因就不会有文学革命；同样，没有外来文艺思潮的外因，也不会有文学革命。中国文学现代化的历史，与外来文艺思潮的影响不无关系。近代以来，中国文化之所以迫切地吸取西方文化，正是因为拥有两千余年历史的中国传统文化迫切地需要改造，以崭新的文化面貌响应21世纪的召唤；正是由于近代中国社会自身的经济与政治条件变化，才导致民族文化与民族心理的变化；正是中国文化机体自身的需变、思变，才引来以西方文化为参照系，在中西文化的碰撞、冲突、对话中寻求自我的文化出路。

在文学革命初期，胡适和陈独秀直接从外国文学中寻求启示，几乎所有文学革命的发起者和参加者都做过翻译外国文学的工作，如鲁迅、周作人、刘半农、沈雁冰等人。新文学初期理论建设阶段，以胡适、周作人的成就最为突出。

胡适最突出、影响最大的理论建树是"白话文学论"和"历史的文学观念论"，这两者相辅相成，筑起胡适的文学思想（也是文学革命的指导思想）。他的理论建设侧重语言形式。在1916年，胡适就曾在《胡适自述》一书中提出，文学的历史只是一部文字形式（工具）新陈代谢的历史，是"活文学"代替"死文学"的历史。工具僵化了，必然另换新的、活的，这就是"文学革命"。他还提出中国今日需要的文学革命是用白话替代古文的革命，是用"活"的工具替代"死"的工具的革命。胡适并不把文学形式的革命看作单纯的形式嬗变，而是看成整个社会价值和审美趣味的转变，因此，他将白话文运动视为文学革命最迫切、最实际的举措。循此思路，他提出改革旧文学的"八事"，其关键就是从语言形式，即"工具"的角度肯定白话文学，并以此作为摆脱旧文学、创建新文学的突破口。

在新文学的思想内容与方法上，胡适宣扬个性主义，主张采用写实主义，从而引发了在"五四"时期后一两年间的"问题小说"与"社会问题剧"的创作热潮。他还在《谈新诗》等著述中提出"诗体解放"，新诗不仅要用白话，还应不拘格律，向自由诗发展方向。他自己就实践着写出了《尝试集》。

周作人是"五四"时期最有影响力的理论先导者和批评家，如果说胡适侧重从语言、形式方面为文学革命寻找突破口，那么周作人则更多地思考与探讨新文学的思想建设。

1918 年 12 月，周作人发表了著名的《人的文学》，以"人的文学"来标示新文学的内容特点。大力介绍欧洲文艺复兴运动"发现了人"提倡"灵肉一致"的人道主义文学主张。1919 年年初，周作人又在《平民文学》一文中提出"平民文学"的概念，进一步把"人的文学"具体化。他的理论主张规定了新文学创作的价值取向，影响了整个"五四"时期的文学创作走向。"人的文学"也成为现代文学的中心概念，成为区别于旧文学的本质特征。

周作人在现代散文文体理论的方面也作出了突出贡献，他能写一手别有韵味的散文，常做散文批评，而且他的散文强调"趣味"和"平淡自然"的气质，追求"涩味"和"简单味"。

除上述提到的胡适和周作人外，李大钊在吸收外来文艺理论方面也用了不少心思。李大钊在《什么是新文学》一文中对历史唯物论的初步解释就是受了马克思主义理论和俄苏现实主义文学观点的影响。

（六）新文学社团与流派

受各种文艺思潮与艺术方法影响的作家们呈现出不同的创作倾向，相近者聚集成文学社团，创办能够体现自身追求的文艺刊物。1921—1923 年，全国共有大小文学社团 40 多个，文学刊物 50 多种。1925 年，文学社团与相应的刊物已有 100 多个。众多文学社团与期刊标志着新文学已由少数先驱提倡转为群力建设。在各种文艺团体中，影响最大、最有代表性的是文学研究会和创造社。

文学研究会于 1921 年 1 月在北京成立。发起人有周作人、郑振铎、沈雁冰、王统照、许地山、孙伏园、叶圣陶（叶绍钧）等 12 人，把经过革新的《小说月报》作为会刊。文学研究会的宗旨是"研究介绍世界文学，整理中国旧文学，创造新文学"。周作人起草了《文学研究会宣言》，宣告将文艺当作高兴时的游戏或失意时的消遣的时代已经过去了，文学是一种工作，而且是一种对于人生很重要的工作。这段宣言代表了他们共同的态度，即主张文学"为人生"，注重文学的社会功利性，被看作是"为人生而艺术"的一派，或现实主义的一派。他们强调文学应反映现实，探讨人生问题并指导人生，因此，他们被称为"为人生"派。他们除了努力创作外，也重视翻译介绍俄国和东欧的弱小民族文学。文学研究会是 20世纪 30 年代我国第一大规模的文学社团，是新文学现实主义的源头，为新文学的发展作出了巨大的贡献。

创造社于 1921 年 6 月日本东京成立。最初的成员有郭沫若、张资平、郁达夫、成仿吾、田汉、穆木天等人，他们都是当时在日本留学的学生。他们先后出版《创造季刊》《创造周报》《创造月刊》《洪流》等 10 余种刊物。初期主张"为艺术而艺术"，强调文学必须忠实地表现作者"内心的要求"，推崇文学创作的"直觉"与"灵感"，比较重视文学的美感作用。他们的作品大都侧重于自我表现，带有浓厚的抒情色彩。直抒胸臆的心理描写成为他们表达内心矛盾和反抗现实情绪的主要形式。创造社在后期将创作重点转向了革命文学。

还有一些比较活跃的文学社团也有自己的特点与贡献，其中与文学研究会倾向相近的有语丝社、未名社、莽原社等，与创造社倾向相近的有南国社、弥洒社、浅草—沉钟社等。

自身特色鲜明的社团有湖畔诗社。1922 年 3 月成立于杭州的湖畔诗社，以爱情诗闻名，成员包括应修人、潘漠华、冯雪峰、汪静之四人。1922 年 4 月，湖畔诗社出版了他们的诗歌合集《湖群》。他们被称为"真正专心致志作情诗的人"。

新月社是一个影响力较大的文学社团。1923 年由胡适、陈源（陈西滢）、徐志摩、闻一多、梁实秋等人在北京发起，他们多系英美留学生。新月社最初以聚餐会的形式活动，后来发展成新月俱乐部。1928 年以前的新月诗派提倡新格律诗，因此，又被称为"新格律诗派"。在诗歌创作上卓有建树的诗人有徐志摩、闻一多、朱湘、饶孟侃、孙大雨等。

总之，"五四"时期后的大小文学社团具备各种创作方法和风格，以现实主义、浪漫主义为主，唯美主义、表现主义、颓废主义、新感觉派、象征派为辅，共同组成了气象万千的新文学。

第二章 汉语言文学专业人才培养与教学研究

本章为汉语言文学专业人才培养与教学研究，主要介绍了三个方面的内容，依次是汉语言文学专业人才培养的思路与实践、汉语言文学与人文素质教育、汉语言文学教学改革与创新研究。

第一节 汉语言文学专业人才培养的思路与实践

中华文化具有悠久的历史和丰富的文学遗产，但汉语言文学专业的就业前景不佳导致了高校入学人数的下降。为了满足社会发展的需求，高校需要调整人才培养模式，培养更具复合型能力的人才。

一、汉语言文学专业人才培养的要求

汉语言专业人才要追求多方面素质的发展，需要顺应时代的发展趋势，适应社会经济的发展，要时刻明确自身的定位，将汉语言文学专业的优势尽可能地发挥出来。汉语言文学专业的人才需要注重以下几种素质能力的培养。

（一）口头表达以及书面写作

现代教育模式随着人们观念的转变而发生变化。现代汉语言专业要求学生具备优秀的口语表达和书面写作能力。口语表达不仅要求表达严谨，还要体现个人想法和文化内涵，突出艺术魅力，简洁明了地表达问题的核心。书面写作不仅要求学生具备文学创作和评论的能力，还要展现个人风格，运用到实际问题中，以

展现素质和能力。因此,现代汉语言专业应从学生的专业基础出发,培养他们的口语表达和书面创作能力,以便将来在汉语言文学创作方面有扎实的基础。

(二)现代人文修养

现代教育的中心思想是培养具备良好素质和文化修养的应用型人才,强调学生具有心理素质和深厚的文化专业知识的培养。教育的核心目标是培养适应当今社会发展需要的高素质人才。除了传授书本知识,学校教育也要重视个体的培养,将学生的精神培养放在重要位置。现代教育通过借鉴历史上经典的育人和成就,帮助学生真正理解人的本质概念,正确认识人心灵的真、善、美。高素质人才并不代表完美无缺,还需要将个人的高素质应用于工作,通过提升自身素质来影响他人,推动个人品格的提升。

(三)工作素质

汉语言文学专业人才的工作素质培养要求是多方面的,既包括深厚的学术功底和严谨的学风,也包括解决实际问题能力和对现实需求的关注,同时还需要有持续学习和提升自我的意识。只有具备这些素质,才能成为满足现代社会需求的高素质人才。

踏实认真和本分专注:汉语言文学专业人才需要具备对学习和工作保持认真态度,踏实扎实地进行研究和实践。他们应该具备对文学作品和语言现象深入的研究能力,不断提升个人专业素养。

解决实际问题的能力:汉语言文学专业人才应该具备解决实际问题的能力。他们需要能将学术理论与实际问题相结合,通过独立思考和创新,为社会和现实生活提供有益的建议和解决方案。

能够贴近实际并实践的能力:汉语言文学专业人才应该具备贴近实际的意识和实践能力。他们在研究和工作中应该关注社会和文化变迁、时代发展的要求,通过工作展示出自身的能力和才华,从而为现实问题解决提供有力支持。

不断提升自我:汉语言文学专业人才应该具备不断学习和提升自我的意识。他们需要积极参加各种学术研讨会、讲座和培训课程,关注学术前沿和专业动态,持续跟进并更新自身的知识和技能,以适应现代社会对高素质人才的需求。

二、汉语言文学专业人才培养的重新定位

就具体的发展而言，在当今飞速发展的科技时代，汉语言文学的传承与创新亟待重新定位。作为一门古老而优美的语言艺术，汉语言文学承载着中华民族的丰厚历史和人文精神。然而，随着社会变革的步伐不断加快，汉语言文学人才培养也面临前所未有的挑战和机遇。在新的发展阶段，我们必须深刻认识到，培养汉语言文学人才不仅要注重基本功的传承，更要注重培养创新思维和跨文化交流的能力。只有推陈出新的教学理念和方法，激发学生的热情和创造力，培养具有全球视野和国际竞争力的人才，才能使汉语言文学在世界舞台上绽放独特的光芒，为中华文化的传播做出更大的贡献。

（一）立足专业根本，超越局限，探寻新的发展方向

在面对当今快速变化的社会和多元化的文化环境时，汉语言文学专业面临着重新定位的重要任务。为了立足专业根本并超越局限，我们需要探寻新的发展方向，以培养更多具备综合素养和创新能力的专业人才。

重新定位，立足专业根本意味着我们需要回归专业的本质，即对汉语言文学的深入研究。传统的语言文学研究应注重基础知识的传授，培养学生对文学作品、语言规律和文化背景的深入理解。只有通过扎实的学科基础建设，我们才能培养出具有坚实学术素养的专业人才。

超越局限意味着我们需要打破传统研究领域的边界，开拓新的研究方向。随着时代的发展和社会的求变，汉语言文学专业需要与其他学科融合，如跨文化研究、数字人文和媒体研究等。通过与其他学科的合作和交流，我们可以实现知识的多元化流动，培养出具有综合素养和跨学科思维的专业人才。

探寻新的发展方向需要我们关注当下和未来社会需求，将汉语言文学与职业能力的培养相结合。除了传统的学术研究，我们还可以注重培养学生的实践能力和创新意识，开设实践课程或提供社会实践机会，让学生在实践中学习和锻炼。此外，与行业和社会的合作也是必要的，了解市场需求，培养出既有学术素养又有职业竞争力的专业人才。

（二）尊重市场导向，遵循本质属性

汉语言文学专业应当根据市场需求培养人才，使其能够实践所学知识。同时，在追求市场需求的同时，仍需重视汉语言文学专业的本质属性，科学发展本专业研究。学校不应因市场需求而忽视汉语言文学专业的核心教学内容。在现代汉语言文学专业人才培养中，应适应时代发展，引入新的课程内容，摒弃过时的内容，充分培养学生的汉语言专业能力，以推动该专业的发展并体现新时代特色。

（三）人才培养目标既要具有现实性，又要具有前瞻性

现代教育需要重新认识社会需求，沿着社会经济的发展方向培养符合需求的定向人才，并具备超前性以适应时代的发展与变化。

（四）根据社会需求，培养特色型的汉语言专业人才

各大高校应根据社会经济的发展需要，结合自身的师资、硬件设施、教学环境等实际教学要素，寻找适合自身发展的汉语言文学专业人才培养方向，制定能够长期发展的人才培养制度。在统一的教学目标与方向面前，找寻适合自身特点的人才培养优势，充分突显教学特色，培养素质全面发展的汉语言文学人才。

三、革新汉语言专业人才培养的途径

（一）科学系统地设置专业课程

科学地进行专业课程的设置可以确保汉语言文学专业人才的培养符合社会需求，知识结构全面，可以切实提升汉语言文学人才的专业能力，并培养其创新思维，为他们未来的发展和社会服务提供坚实基础。

1.设置考研课程

设置汉语言文学专业的考研课程，需要综合考虑语言和文学两方面教学内容。在语言方面，可以包括汉语语言学、汉字学与文字文化、汉语口语与写作等内容，通过学习语言的基本知识和技巧，提升学生的语言表达能力和文字处理能力。在文学方面，可以包括中国古代文学、现代文学、文学理论等内容，让学生熟悉中国文学的经典作品，理解文学的艺术特点和创作理念，培养学生的文学批评能力

和研究素养。通过综合培养语言和文学的教学内容，可以帮助学生全面发展，并为他们今后的学术研究和专业发展奠定基础。

2. 设置应用类课程

学生选择汉语言文学专业通常是因为对文秘工作或编辑工作的热情。为了满足学生未来工作需求，汉语言文学专业应着重设置与写作和编辑相关的课程，培养学生的写作能力和编辑技巧，提升他们的职业竞争力。

3. 设置教育课程

教师行业是汉语言文学专业学生向往的职业之一。为了满足学生对教师行业的兴趣和需求，汉语言文学专业应重点设置教师技能、心理学和演讲等课程。同时，课程设置也应鼓励学生根据个人兴趣和发展方向进行自主选择，以促进个人发展和适应学生的需求。

（二）提高教学条件，鼓励教师进行教学创新

在对汉语言文学人才培养模式进行革新的过程中，不仅要关注学生能力的提升，还需要改善汉语言的教学环境，提升学生的学习体验。通过对教学模式和方法进行创新，充分激发学生的学习兴趣，发掘学生的学习潜力。

（三）强化实践环节

汉语言文学专业教育应通过实践调整教学体系，不断创新汉语言教学模式和方法。通过实践后的效果反馈不断完善教学环节中的细节，为培养符合社会需求的全面素质的汉语言专业人才贡献力量。

1. 适时组织专业见习

专业见习能够帮助学生将在学校中学到的理论知识与实践相结合，提高实际操作能力和专业技巧。通过参与实际工作，学生可以更好地了解专业岗位的职责与要求，增加对行业的认知和了解。

在实习过程中，学生可以与导师或其他员工紧密合作，学习他们的经验和见解。这种交流对于学生的专业发展和职业素养的提升具有重要意义，可以帮助他们更好地适应职场环境，建立专业人脉。专业见习还可以帮助学生发现自身优势和不足，进一步明确个人的职业兴趣和发展方向。通过实践，学生可以更加深入

地了解自身在汉语言文学领域的优势，并找到感兴趣的工作领域或研究方向。同时，也可以在实践中发现自身的不足之处，并有针对性地进行进一步的学习和提升。在求职过程中，有实习经验的候选人通常更受雇主的青睐。通过专业见习，学生可以积累实际工作经验，增加职场的竞争力，并且有机会向潜在雇主展示个人的才能。

2. 组织顶岗实习

由于汉语言文学专业所培养学生具体从事行业的特殊性，学生常常在不同的岗位进行实习，实习内容和评价标准也不尽相同，这就造成了学校及教师无法对学生的实习工作表现进行恰当的评价。因此，高校应根据学生不同的实习岗位建立相应的实习表现评价标准，力求给予学生客观公正的实习评价。实习评价标准的制定需要紧贴企业实际要求，不能脱离现实情况制定假大空的实习评价标准。

3. 通过课外活动带动学生应用能力

在当今社会，具备创新能力尤为重要，特别是在语言文学领域。教育机构应该营造一种鼓励学生参与多元课外活动的文化，这将拓宽他们的学习经验，提升他们的专业技能，并促进他们的全面成长。另外，在当前经济社会进步的背景下，有必要建立与科学原理相一致的拥有良好教学结构的中文语言文学课程。这将培养出更多实用型人才，更好地满足社会发展的需求。

（四）完善学生评价体系

汉语言文学专业人才评价体系应注重实践能力与学科专业能力的培养，并突显高校自身的学科优势与办学特色。

针对汉语言文学专业人才的评价体系应综合考察学生的实践能力和学科专业能力。实践能力指学生在实际工作中应用所学知识和技能的能力，如写作能力、口头表达能力、独立研究能力等。评价应通过笔试和面试相结合的方式，考察学生的写作能力、口语表达能力和解决问题的能力等实践能力的发展情况。同时，评价还应注重学科专业能力的考察，包括对汉语言文学理论知识的掌握、文学批评能力、文化批判能力等。

评价体系应充分突显高校自身的学科特长与办学特色。不同高校在汉语言文学专业上可能有各自相异的研究方向和学术特色，评价体系应根据高校的特点，将相关的学科知识和技能纳入评价范围。例如，对于以古代文学为主要研究方向的高校，评价体系可以增加古代文学相关知识的考察内容；对于以现代和当代文学为重点的高校，则可以注重对现代和当代文学理论的考察。这样能够更好地体现高校的学科特长和办学特色，为培养适应社会需求的优秀人才提供有力支撑。

第二节　汉语言文学与人文素质教育

一、汉语言文学中人文素质教育的重要性

长期以来，汉语言文学作为我国重要的语言文学教育学科，一直受到高校汉语言文学教师的高度重视，在培养大学生综合素质、促进大学生全面发展方面发挥着极其重要的作用。特别是对于新时期高校大学生来说，由于当前社会上相关信息相对繁杂，学生在繁杂信息的影响下往往无法树立正确的人生观和价值观，严重影响了学生的健康成长。而在汉语言文学中渗透人文素质教育则能够在完成基础知识传授的同时，切实改变学生的价值观念，在精神层面对学生进行深刻的教育，使学生人生长期健康发展。

（一）有利于学生综合素质的培养

我国高校汉语言文学的教学目标一般是向学生传授相关汉语言文学知识，希望学生经过系统的学习掌握扎实的理论基础，在人文素质教育的帮助下，提升个人的文学解读能力、语言表达能力和综合素养。在接受文学教育的过程中，学生在获得文学理论知识的同时，受到经典文学的良性影响，在提升人文素养的同时，自身分析问题和解决问题的能力也可以得到相应的强化，辩证思维能力和发散思维能力也可以得到显著的增强，促进学生的毕业竞争力，为学生未来获得良好的社会发展提供坚实的保障。

（二）能够陶冶情操，提升学生的精神境界

汉语言文学教学本身就是一种文学教育，它旨在通过学习和研究语言和文学作品来培养学生的文化素养和审美能力。在这个过程中，人文素质的渗透可以促

进汉语言文学教学的人文性得到充分的突显，并进一步强化学生的文化艺术审美能力，为学生精神境界的提升提供相应的保障。具体来说就是在汉语言文学教学中渗透人文素质教学，能够以典型的形象、优秀的历史人物事迹等对学生实施潜移默化的思想影响，并以优美的文学语言陶冶学生的情操，促使学生在学习过程中对文学、艺术以及人生观和价值观等形成更为深刻的认识，进而有效地提升学生的精神境界。

（三）能够满足和谐高校的建设需求

人文素质教育能够提升汉语言文学专业人才的人文素养，能够引导学生树立正确的人生观和价值观，促使学生以客观公正的眼光看待问题，因此学生经过良好的人文素质教育，可以积极应对生活与学习中的挑战，面临热点问题不会随波逐流，能够以客观公正的独到眼光看待不同事物的发展与变化，并与教师和其他学生构建良好的关系，这对和谐高校的建设也产生着积极影响，在一定程度上满足了新时期和谐高校的建设需求，因此受到高校教育管理部门的高度重视。

二、加大汉语言文学教育力度的举措

（一）选择优秀教师任教

教学质量的好坏主要取决于教师的教授水平。不同教师对同一篇文章的讲述效果会有所不同。汉语言文化教育要求教师具备高水平的文学素养和对文字的驾驭能力。选择优秀教师进行教学可以促使学生积极学习，有助于形成良好的课堂氛围，优秀教师对整个课堂的控制能力也能更好地把控学生的学习节奏。优秀教师可以引导学生积极探索文学作品，提升学生的文学素养。

（二）教材内容合理取舍

大学语文作为选修课，需要在有限的课时中进行内容选择，为了增加学生的兴趣和参与度，应该给予他们选择权利，让他们选取感兴趣的篇章进行讲解。课堂讲解应重点强调有感染力和启发性的文章，激发学生学习欲望。合适的科目选择可以增加学生和老师之间的互动，活跃课堂氛围，并在轻松愉快的环境中提升学生的人文素质教育。在教学内容方面，应有针对性地进行筛选和增添，满足学生的兴趣和需求，选择具有积极意义和寓意深刻的经典文章，加强知识的渗透，丰富学生的知识面，帮助他们树立正确的价值观念。

（三）考试方式改革

丰富的大学语文考核形式可以充分激发学生的学习积极性，使学生拥有长久的文学学习热情。考核旨在全面评估学生的知识水平、研究能力、实践能力和创新能力。良好的课堂表现、积极参与实践项目和提前进行学术研究都将有助于学生的综合评价。

（1）课堂表现：课堂表现是对学生在课堂上和学习活动中的参与度、讨论能力、问题解答能力等进行评估。教师会通过观察学生的表现以及口头或书面反馈来评判学生的学习情况和掌握程度。

（2）作业和报告：学生需要完成一定数量类型的作业和报告，例如阅读报告、书评、论文、研究报告等。这些作业和报告能够评估学生的文献阅读能力、写作能力、独立思考能力和学科研究能力。

（3）实践项目：实践项目是对学生实际操作能力和实践能力的考核。例如，学生可能需要参与文学翻译、编辑期刊、实地调研、组织文化活动等实践项目，以锻炼并展示他们的实践运用能力。

（4）期中和期末考试：汉语言文学专业常常设有期中考试和期末考试，以考核学生对该学期所学知识的理解和掌握程度。考试形式可以包括选择题、填空题、简答题、论述题等。但笔试的考试成绩可以以不同的形式展现，可以采用分级的成绩划分形式，使学生在认识到学习水平存在差距的同时，又不至于丧失学习的信心。

（5）总结报告和答辩：在毕业前，学生通常需要撰写总结报告，并进行答辩。总结报告是对整个专业学习的成果、经验和思考的总结，答辩则是对总结报告进行口头陈述和答辩辩论的过程。

（四）积极开展教学活动，培养学生健全的人格

大学生的人格缺陷会对学习和生活产生不利影响，因而需要加强规划和制定相应教学活动方案，以培养学生健全的人格。在汉语言文学教育中，可以通过增加交流活动来解决大学生人际交往障碍，推动其健康成长。高校应重视人文素质教育，在汉语言文学教育中注重培养优秀的高校人才，以适应社会发展的需求和教育趋势。这样的措施对于促进大学生个体的综合素质提升具有重要意义。大学生的人格缺陷包括自我意识不足、自制力不强、情绪管理困难等方面。这些缺陷可能导致学习效率低下、目标管理混乱以及人际关系紧张等问题。因此，针对大学生的人格缺陷问题，需要制订相应的教育活动计划，培养学生积极向上的品格和良好的行为习惯，以提升其学习和生活的质量。在汉语言文学教育中，可以增加交流活动，提供适宜交流的语言和文化环境，鼓励大学生积极参与讨论和合作，促进他们在语言运用和人际交往方面的能力发展。此外，在高校教育中还应注重人文素质的培养，认识到文学艺术与人类情感、价值观念等之间的关系，通过深入的文学研究和批评分析，来培养学生的审美情操、人文素养和理论思维能力。这样不仅能够提高学生的综合素质，还能够为社会培养更多具有人文素养和创新思维的高校人才，以适应社会发展的需求和教育趋势。因此，加强规划和设置教学活动、培养学生健全的人格、增加交流活动以及注重人文素质教育等措施是应对大学生人格缺陷对学习和生活产生负面影响的有效途径，有助于推进高校教育的发展和提高大学生的整体素质。

第三节 汉语言文学教学改革与创新研究

文化对于国家、民族和社会的发展至关重要，因此应该在保持优秀传统文化的基础上吸收外来文化的合理因素。在这一背景下，汉语言文学专业承担着提高学生文化内涵和应对多元文化冲击的重要任务。在多元文化的背景下，人才培养和教学改革应符合创新性、综合性、应用性和示范性的时代要求，并将传统与现代有机地结合，以培养具备厚实底蕴、高素质和强能力的创新型人才，并适应社会不断变化的对人才全面素质的要求。

一、高校汉语言文学教学的创新途径

高校教育普遍存在专业课程优先于公共基础课程的现象，导致汉语言文学教学被忽略。教学内容、方法和科研经费上的不足，使得汉语言教学质量下降，地位受到挤压。要改变这种现状，应重视汉语言文学教学，弥补师资力量、资金投入等方面的不足，激发学生兴趣，改变教学模式，提高教学质量，让学生认识到汉语言文学重要性。

（一）改善高校汉语言文学教学环境

为了改善高校汉语言文学教学质量，需要创造和谐的课堂氛围，建立平等、信任、理解和相互尊重的教学环境。这可以通过开展讨论和即兴演讲等活动来提高学生们的兴趣和培养发散性思维。教师应以帮助和引导为主，鼓励学生踊跃参与，并帮助那些语言表达能力较差的学生表达。这种训练不仅可以增进师生感情，改善课堂环境，还可以培养学生自信、镇定的心理素质，为他们未来的就业做好准备。

（二）培养学生们的创新型思维

在教育领域引入创新教学模式，我们需要培养学生的创新意识和与未来发展相关的知识。为实现这一目标，高校课堂应注重培养学生的综合素质，不仅依赖于传统教科书，还需通过塑造学生的思维方式来促进发展。因此，高校的教学目标是通过展示汉语的魅力，以探索世界、学习文学和历史等知识为切入点，帮助学生认识到语言的神奇作用。通过这种方式，学生将认识到语言的重要性不仅仅在于人际交流，更是展示个人素质和魅力的关键工具。

（三）拓展高校汉语言文学课堂的教学环节

教育界日益认识到传统课堂教学模式的局限性，为了提高教学效果和培养学生的综合素质，亟待改进课堂教学模式，并注重教学环节的变化。相比过去以老师讲授为主的讲授式教学，应当引入更多实践训练、软件教学、多维教学和小组讨论等模式。这样的改进旨在增加课堂互动，激发学生的参与热情，使他们认识到学习的价值，并扩展他们的思维空间。

为了优化课堂教学，教师应当在讲授内容的同时，注重与学生的沟通。教师应当运用实践方法，使学生能够通过实际操作来提高语言表达和思维反应能力。通过实践训练，学生将有更多的机会发挥想象力和创造力，同时也能够加深对知识的理解和掌握。这样的教学方式能够激发学生的学习兴趣，增强他们的学习信心和素质意识。

除了注重实践训练，课堂教学还应当重视多维教学方法。通过运用多种教学手段和资源增强教学效果，如使用多媒体教具、互联网资源和示例分析等，能够更好地使学生理解和掌握知识。同时，小组讨论也是一种有效的教学形式，通过小组合作解决问题，能够培养学生的合作能力和团队精神，激发学生的思考和创新能力。

（四）加强教师自身的创新型教学素质

要创新教学模式，教师队伍的整体创新素质至关重要。教师应当转变传统的知识传授模式，增加注重引导学生进行探索和对学生批判性思维的培养。为此，教师们需要具备勇于探索的精神，并将新思想和新发现融入课堂中。

教师需要提升自身学科专业知识水平。他们应不断深化自身对汉语言文学的理解，拓宽视野，增加知识储备，保持学习姿态。教师应从经验型教师转变为专家型和学者型教师，具备深入研究学科的能力，形成独特的教学思想、风格和体系。只有凭借扎实的学科知识，教师才能够传授给学生更加全面、深入的知识。教师应当发展自身的教学能力和创新意识。他们应当关注教育前沿动态，学习教育技术的应用，灵活运用多种教学方法和手段。例如，引入互联网资源、数字化工具和教育游戏等，以提高课堂的互动性和学生的参与度。此外，教师还应鼓励学生进行自主学习和自主思考，培养学生的创新意识。教师应鼓励学生进行团队合作和交流。在课堂中，教师可以采用小组讨论、项目研究和实践活动等形式，引导学生在合作中学习知识、探索问题和解决问题。通过与同伴的互动合作，学生能够更好地发展思维能力、沟通能力和合作能力。

二、多元文化背景下汉语言文学专业教学改革

（一）多元文化背景下汉语言文学专业教学面临的问题与困境

在多元文化背景下，汉语言文学专业教学面临着一系列问题与困境。随着全球化的不断深入，国际交流日益频繁，外来文化的介入进一步加剧了传统文化与现代文明之间的碰撞。这种冲击使得汉语言文学专业教学不仅需要面对自身的传

统文化内涵，同时也要与外来文化进行对话和交流。传统的汉语言文学教学注重经典文献的研究和传承，但在多元文化的背景下，仅仅强调传统文化的教学模式已经无法满足学生的需求。现代社会要求文学教学更加关注多元文化的融合，同时也需要开展跨文化研究，以培养学生的跨文化意识和能力。传统的文化教学方法主要依靠文字、讲解和演示，这种单一的教学方式在信息时代显得相对滞后。现代技术的发展使得多种教学手段和媒体工具可以应用于文化教学中，如电子教材、在线资源、虚拟情境等，这些新兴技术可以丰富教学内容，提高学习效果。时代的不断进步和变化使得传统文化中的一些观念、价值和体系面临着挑战和疑问。教师需要对这些变化有敏锐的触觉，并及时调整教学内容和方法，使其与时俱进，适应时代的需求。在多元文化的背景下，师生关系逐渐转变为合作关系，教师不再是传统意义上的权威，而是学生的引导者和合作伙伴。然而，一些教师仍然未能适应这种转变，依然保持着传统的教学观念和方式，导致教学效果的下降。

（二）多元文化背景下汉语言文学专业教学改革措施

汉语言文学专业面临多元文化融合带来的困境，包括学生忽视本国文化和教学方法滞后等困境。为了解决这些困境，需要改革教学方式，增强教学的实效性和长期性。同时，培养学生的文化内涵和实际能力也是非常重要的。这需要即时更新教材，提供跨文化学习机会，以帮助学生拓宽视野和加强对传统文化的理解。此外，重视学生的情感需求，注重情感教育，激发学生的学习兴趣和积极性也是必要的。通过这些措施，汉语言文学专业可以更好地适应多元文化发展，并保持其在社会中的地位和作用，为本土文化的继承与传播、文化氛围的形成、文化人才的培养贡献力量。

1.优化课程体系和教学内容

汉语言文学专业的课程体系需要进行调整和优化，以平衡专业性和现实需求。首先，基础课程应当重点注重专业深度和文化素养的培养，以提升学生的综合素质。这些基础课程应该紧密结合专业学科，旨在培养学生对语言和文学的广泛知识和深入理解，并注重培养学生的分析和研究能力。此外，还应该特别关注激发学生对传统文化的兴趣，加强对传统文化的教学。

专业课程和实践课程是课程体系的两个重要板块，它们应该相互交叉但又有明确的分工。专业课程主要侧重于语言和文学知识的学习，强调对学生专业深度和研究能力的培养。在专业课程中，学生将深入学习语言结构、文学理论和批评方法，并通过研讨会和论文写作等方式培养学生的学术能力。尤其重要的是，专业课程还应该激发学生对传统文化的兴趣，加强传统文化的教学，以培养学生对传统文化的独到见解和批判思维。

另一方面，实践课程应注重技能、素质和实际操作的培养。这些课程旨在培养学生的动手能力和实际应用技能，以适应社会的需求。实践课程可以涵盖诸如写作、口译、翻译和编辑等实际技能的培养，同时也可包括文化推广和艺术表演等实践性活动的开展。

整个课程体系应当实现有机统一，教师可以重新组织和精选内容，加强课程间的整合，促进学生的全面发展和适应能力。为了满足学生和社会的需求，课程的调整和优化必须兼顾科学性、系统性和可操作性。此外，教师们还应密切关注学生的学习进展，并根据学生的兴趣和优势进行个性化指导，以帮助他们全面发展。

2. 改革教学方法和手段

为提高汉语言文学专业课程的教学质量，需改革教学方法、调动学生积极性和主动性。教师应以学生为中心，采用对话教育、阐释引导学生，推行讨论式、启发式教学，并灵活运用多种教学形式。教学内容、计划应灵活调整，赋予教师自主权，分流学习内容，提高专业难度和研究性学习。运用现代技术，如多媒体辅助教学和网络互动平台，提升教学效果。综合考核学生基础知识和综合能力，超越试卷形式。培养学生专业水平、文化内涵，通过引导和阐述激发情感体验、审美兴趣，适应社会需求，防御负面文化，奠定正确人生基础。

3. 加强师资队伍和教材建设

在多元文化背景下，教师对汉语言文学专业教学进行改革，为其注入了新的内涵。教师需要提升自身的文化底蕴，并积极探索新的教学方法和手段。改变传统的输入型教学方式，转而采用更加互动性、开放性和探究式的教学模式，以提高学生的积极性和自主性。此外，教师还可以自主编制辅助教材，将知识性、文化性和趣味性融为一体，从而提升教学效果，实现教师个人的自我解放。

（三）多元文化背景下汉语言文学专业教学改革应注意的问题

在当前的教育环境中，我们应当把学生立德成人放在首要位置。这就要求我们倡导以修身为前提的德育文化，并同时弘扬传统文化中的文人风骨和学术精神。特别是在汉语言文学专业的教学中，我们应当以学生为主体，激发他们的积极性和主动性，使他们能够将所学的知识转化为解决实际问题的能力。

为了实现这一目标，教师们需要转变个人观念，并不断提升自身素质，以适应不断变化的多元文化和先进技术的要求。教师们要意识到自身的责任，要注重教学方式和手段的改变，以便更好地培养学生的德育和能力。教师们应该成为学生的引路人，引导他们在学术上取得成果的同时，在道德上也实现自我提升。

此外，汉语言文学专业作为优秀传统文化的主干专业，应该受到更多的保护与重视。我们应该注重教学方式和手段的改进，突出其文化性，使学生能够更好地理解传统文化的精髓。同时，我们也应该将德育的功能内化为学生的能力，使他们能够把道德与学术相结合，实现自我修养和社会责任的统一。

要实现上述目标，我们需要将传统文化的继承与现实创新相结合。灵活应用多种教育手段和科技手段，如创设情景模拟、开展实践活动、利用互联网资源等，以营造积极向上的学习环境。通过这些多元化的教学方法，教师能够激发学生的兴趣和热情，增强他们的学习动力，并让他们更好地运用所学知识解决实际问题。

要强调教师的角色和作用。教师要积极投身于学术研究，不断更新知识和思想，保持学术上的活力和前卫性。同时，教师也应该关注学生的思想和心理发展，为他们提供良好的教育环境和个别指导。只有这样，我们才能培养出德才兼备、充满创新精神的优秀人才，为社会的进步和发展作出应有的贡献。

三、汉语言文学专业创新课程体系建设的探索与实践

汉语言文学专业是一门具有悠久历史和文化底蕴的学科，是众多文化艺术学科的语言文学基础，对于培养学生的文学素养和批判性思维具有重要意义。社会经济的发展和社会对人才需求的变化加快了汉语言文学教学体系的改革速度，但课程体系的结构仍然没有足够的创新，改革的力度不足以适应新时代对人才全面素质培养的要求。

（一）创新课程体系建设的基本思路

1. 汉语言文学专业培养目标的确定

汉语言文学专业课程体系的建设中，确定专业培养目标是至关重要的环节。首要问题是解决当前汉语言文学专业面临的挑战和需求，并结合人才类型、层次、规格等方面，设定明确的目标，为培养出具备综合素质和国际竞争力的汉语言文学专业人才提供指导和规范，同时也能够与时俱进，满足社会对人才的需求，推动汉语言文学事业的发展。

在确定培养目标时，首先需要考虑人才类型。汉语言文学专业需要培养既具备良好语言表达、文学批评与研究能力，又具备人文素养、跨文化交流能力的复合型人才。因此，培养目标应注重提升学生的语言表达能力、文学鉴赏能力、研究分析能力，培养他们在跨文化交流中要具备文化自信和国际竞争力。

其次，培养目标的确定还需要考虑不同层次和规格的需求。针对本科生培养，目标应着重培养学生的基础知识和方法论，注重培养学生的综合素质和批判思维能力。对于研究生培养，目标则要求进一步提升学生的研究能力和创新能力，培养他们具备独立思考和研究的能力，使之能够在学术研究和文化创新方面做出杰出贡献。

此外，培养目标的确定还需要考虑人才服务、面向社会和评价标准等方面。人才服务方面，应关注毕业生的就业和职业发展需求，注重提供实用性的就业指导和职业技能培训。面向社会方面，应与当代社会需求相结合，关注国内外汉语言文学领域的最新动态和前沿问题，加强国际化交流与合作。评价标准方面，应建立科学、客观、全面的评价体系，以考核学生的专业知识掌握程度、研究能力和创新能力。

2. 汉语言文学专业确定培养目标的理论依据

汉语言文学专业课程体系改革确定培养目标的理论依据在于准确把握专业人才培养目标与人才市场需求之间的紧密关系，包括精确的人才需求分析、学科发展趋势的把握、现代教育理论的应用以及学生就业需求的关注。当前社会面临的学生就业难问题，根源并非社会人才过剩，而是高校招生计划性、专业课程设置的模式化以及培养目标的专业化与就业市场的脱节。因此，对于汉语言文学专业而言，精准把握培养目标的重要性不可忽视。通过科学地理解课程体系改革中的各个理论依据，可确保汉语言文学专业的教育目标与社会需求相对接，为学生的职业发展提供有力支持，同时也为高校的生存和发展奠定了坚实的基础。

确定汉语言文学专业课程体系的培养目标需要基于多方面因素而综合考虑。首先，要进行人才需求分析，深入了解社会对汉语言文学专业人才的实际需求。其次，要关注学科内部的学术理论研究和发展趋势，把握汉语言文学的前沿领域与发展方向。最后，应拥抱现代教育理论和教学方法，将其应用于课程设计和教学实践中，以提升学生的综合素质和能力。

此外，学生就业需求必须要纳入考虑范畴，构建与市场需求契合的课程体系，提升学生的就业竞争力和适应能力。这意味着要不断调整和优化课程设置，培养学生的实际能力与技巧，培养他们的信息获取、组织和表达能力，以应对现实就业环境中的挑战。

3. 汉语言文学专业确定培养目标的现实依据

汉语言文学专业的创新课程建设遵循一个基本原则，即根据学生的需求和未来的发展方向，通过反向思维来设计课程。以学生未来的就业或者发展方向为出口，然后反向考虑如何通过课程来培养学生所需的能力和知识。这样的创新课程建设要求教师们努力设计最有用、有效和先进的课程，以满足学生在就业市场上的需求，使他们能够在未来的求职中取得成功。

（二）创新课程体系建设的突出特色

1. 汉语言文学专业创新课程建设的创新性

（1）坚持"培养专业人才与职业人才相结合"的原则

汉语言文学专业人才的培养模式应根据人才类型而变化，学术型人才着重于深入研究和探索学科知识体系，注重理论和专业知识的系统化学习；而应用型人才则注重将已有的知识和技能应用于实际工作中，强调解决实际问题的能力。因此，在实际教学过程中，应根据人才的不同类型选择相对应的教学内容、方法和教学模式，让不同类型的人才发挥各自的优势，适应社会发展与变化的需求。

目前大部分高校汉语言文学专业更偏向学术型人才培养，强调理论知识和体系，而忽视社会需求和实践能力。这导致学生毕业后虽然是专业人才，但难以胜任中学语文教师、机关企事业单位文秘等实践能力要求较高的职位。这种人才培养方式与社会需求的脱节问题需要引起重视。为了使培养出的人才更符合社会需求，汉语言文学专业的课程体系需要考虑更加系统地培养学生的实践能力、应用能力和解决问题的能力，以适应职业发展的需求。此外，高校和社会单位也可以加强合作，提供更多的实践机会和实习岗位培训，使学生在毕业后能更好地适应工作环境和岗位要求。

（2）坚持"一个专业，多个出口"的原则

汉语言文学专业开设文秘和对外汉语两个方向，旨在培养技能型和应用型人才，满足多方面市场需求。文秘方向注重培养学生文秘技能和办公管理能力，紧密结合实际工作内容，强调实践能力的培养。对外汉语方向侧重语言教学和国际交流能力，涉及语言学、教育学、文化交流等学科的研究和理论。该专业的设置具有学术化意义，强调了学术范畴内的理论和实践的结合，体现了对汉语语言及其文学的深入研究和应用。这种学术化的设置使得学生能够系统学习相关学科的知识和理论，并将其应用到实际工作中。同时，也为学术研究提供了更多的专业人才，为学生提供了更多的就业机会，促进汉语国际传播和跨文化交流的发展，为国际社会提供不同类型的人才资源，满足社会对人才的多方面素质的要求。

2. 汉语言文学专业创新课程建设的实用性

（1）专业方向主干课程中加大了实践课程的比例

近年来，单位的招聘要求更注重学生的实践技能，而非只追求高学历或高层次。汉语言文学专业在课程设置中增加了实践性课程，如写作技能训练、文学解读与论文写作、诗词创作等。这些课程培养学生的实际能力，提升写作和解读技巧，同时关注秘书应用写作、中小学教师技能、新闻写作、文化活动策划等方面的实践。通过全面培养学生的能力，汉语言文学专业适应了"选才用人"观念的发展趋势。

（2）专业方向主干课程中加大了应试课程的比例

汉语言文学专业根据时代要求不断更新教育内容，创新课程形式，构建了课程设置和教育目标将学生的发展和未来出路作为核心考量、以素质和能力培养为重点的新课程体系。该体系注重夯实学生专业基础，最后一学年开设应试课程如考研辅导、中学语文教师上岗考试等，受到学生欢迎。目标是培养学生既有理论知识又具备实践能力，使他们能够快速适应社会、找到合适的职位并为社会服务。该体系的实践导向、国际融合也得到了广泛认可。

3. 汉语言文学专业创新课程建设的国际化

（1）借鉴和学习国外或境外大学先进的课程体系

汉语言文学专业在创新课程建设中借鉴了麻省理工学院、牛津大学、台湾大学、香港中文大学等知名大学的优秀课程。其中，台湾大学中文学系作为例子展示了该专业的一些特点。该系着重传承中国文化，培养学生在文学、文献学等专业知识上的深厚认知和研究能力，从而为未来的工作打下基础。其课程模块包括基础课程与进阶课程，注重古典与现代的平衡，涵盖本系必修课、群组必修课、通识课以及选修课等，以提供多样化的学习选择。

（2）加大单门植入课程引进的力度

为了实现"强配置、国际化、高质量、大规模"的办学目标，汉语言文学专业植入课程26门，有效地借鉴了国内外最先进的信息资源，对建设品牌大学的品牌课程体系形成了有力的保障。该专业主要从香港中文大学植入《逻辑学》《训诂学》《中国传统文化》《历代文选》等课程；从美国麻省理工学院植入《西方文化基础》《西方小说导论》《现代西方戏剧基础》等课程；另外植入的课程还有北卡罗来纳州大学的《文学解读与论文写作》、得克萨斯州立大学的《美学导论》、英国牛津大学的《二十世纪西方文学理论》等。

第三章 汉语言文学教学手段现代化建设

本章论述汉语言文学教学手段现代化建设，分别介绍了三个方面的内容，依次是新媒体环境下关于古代文学教学的思考、新媒体环境下当代文学教学研究、新媒体视野下汉语类教学研究。

第一节 新媒体环境下关于古代文学教学的思考

当前我国古代文学课程教学形式单一乏味，迫切需要进行教学模式改革。新媒体的快速发展为多元教学方法的产生提供了便利的条件，教师可以集中学生研究重要作品，引入跨学科研究方法，并创新评价方式。这样能够激发学生学习兴趣，提高教学效果，使古代文学教学更具吸引力和实用性。

一、新媒体环境下的古代文学教学改革

（一）现阶段我国古代文学教学模式

当前我国古代文学教学模式存在诸多问题。首先，传统的古代文学教学模式过于注重教师的灌输和传授，学生缺乏主动性和参与感。教师通常以讲授知识为主，学生则被动地接收教师的讲解，缺乏积极思考和独立思维的培养。这种被动式的学习方式限制了学生创造力的发挥。

其次，古代文学教学缺乏多样化的教学手段和资源支持。教材内容普遍较为单一，局限于传统纸质教材和教师的口述，缺乏丰富的多媒体资源和互动性。这

导致学生对古代文学作品的理解和感知受到限制，无法真正深入体验文学作品的魅力和深度。

此外，现有的古代文学教学模式也面临着知识内容更新不及时的问题。古代文学作品的研究与发展日新月异，但教材和教学内容的更新速度相对较慢，难以及时反映学术界的最新成果和研究动态。这可能导致学生接收到的内容滞后于学术进展，无法真正了解和把握学科的前沿知识。

为了应对这些问题，我们需要采取一系列的改革措施。需要转变教学模式，注重对学生的主动参与和独立思考能力的培养。同时，教师要利用新媒体资源，丰富教学内容和手段，及时更新知识，以提高古代文学教学效果和学生的综合素养。

（二）新媒体环境为古代文学教学改革带来的优势与不足

中国古代文学是中文专业传统课程，其作品思想深邃、作品精美丰富，可以吸引学生。然而，网络新媒体时代的到来使得古代文学对学生的吸引力下滑，学生不能通读经典作品。学生沉迷于网络小说、游戏和影视作品，导致阅读呈浅易化、碎片化趋势。同时，网络语言在日常生活和正常场合中频繁使用，使学生忘却了传统文化。中国古代文学课程在中文系中具有推广国学教育、阅读国学经典、宣扬传统文化的重要作用。古代文学作品中蕴含中国传统的哲学思想、价值观念和美学理想，形式丰富多样，适合学生接受。在网络新媒体时代，要做好古代文学的教学工作，需要坚定信念，积极响应国家号召，适应网络新媒体时代的变化。

1.新媒体环境为古代文学教学改革带来的优势

（1）新媒体环境下教学内容的改变

古代文学教学内容的改变需要注重两个方面。首先是深入挖掘作品中的价值观念、礼义道德和传统文化，弘扬中华文化的精髓。其次是注重散文作品的研究和教授，通过对散文作品的研究，培养学生的理性思维能力，并关注社会问题。这样的改变将使学生更好地理解和欣赏古代文学的价值，提升他们的人文素养和综合能力。回顾中国古代文学的多样形式和丰富内容，我们可以看到，古代文学不仅是一种艺术表达形式，更是承载着中华文化的思想、品德和传统的重要载体。因此，在古代文学教学中，我们应该注重挖掘作品所蕴含的价值观念、礼义道德和传统文化，以及作家们的爱国精神和思想。

首先，传统的古代文学教学注重对作品形式、内容和作者思想的传授。然而，在新媒体时代，单纯地传授知识已经不足以激发学生的学习兴趣和思维深度。因此，我们需要重新思考教学内容和传达方式。在教学中，可以通过选取具有代表性的古代文学作品，引导学生深入阅读和分析，并以此为契机展开探讨。同时，注重作品所传递的情感、价值观和社会意义，培养学生对历史文化的认识和思考能力。正如现代新儒家的代表人物徐复观所言："古今中外真正古典的伟大的作品，不挂道德规范的招牌，但其中必有某种深刻的道德意味以做其鼓动的生命力。道德的实现形式可以变迁，但道德的基本精神，必为人性所共有，必为个人及群体所需要。"①

其次，散文部分在古代文学教学中应得到更多的关注。散文作为古代文学的重要形式之一，其通过平实、真实的叙述方式，反映古代社会的风貌和人情世故。在教学中，可以选取具有代表性的散文作品，如《陶渊明集》中的《归园田居》《饮酒》等，让学生真切感受到其中所蕴含的文化内涵和时代精神。通过深入研究和理解这些作品，可以引导学生探讨其背后的道德观念、人生智慧和社会伦理，并将其与现实生活相结合，培养学生的理性思维能力和关注社会问题的意识。

（2）新媒体环境下教学形式的改变

在新媒体环境下，高校古代文学教学形式发生了本质的改变。教师利用计算机技术制作的文学课件，调节了课堂氛围，激发了学生的积极性。通过播放视频、音频，提高学生对文学作品的理解和印象。同时，教师和学生之间的交流扩展到了课堂之外，利用网络媒介进行指导和个别交流。这种改变的核心思想是利用新媒体的优势，提高学生的学习效率和学习质量。

新媒体时代的快节奏社会和科技发展对古代文学教学产生了积极影响。网络新媒体提供了更多的平台和资源，方便学生了解古代文学。然而，学生也面临着信息泛滥和真伪辨别的问题。教师可以利用网络新媒体的资料作为辅助教学手段，但也需要教会学生如何有效地利用网络资源。

需要注意的是，新媒体时代的古代文学教学拉近了课堂与社会、文学与社会之间的距离。通过培养古代文学爱好者和激发学生的兴趣，文学院的教学可以为

---

① 夏静.中国思想传统中的文学观念 [M].北京：生活・读书・新知三联书店，2017.

社会提供具备文学修养的人才。因此，在古代文学教学中，应鼓励学生参加网络媒体组织的诗词竞赛和创作活动，将学习与比赛结合起来，从而提高学生的文学修养和兴趣。

（3）新媒体环境下教学目标的改变

在当前新媒体环境下，教学目标的转变已经使得古代文学教学发生了根本性的变化。传统的古代文学教学仅注重对文学作品的简单解读，而现在的教师更注重借助网络和媒体资源，以提升学生对文学作品的欣赏能力，并培养学生的文学素养。教师们希望学生在充分了解作品基本情况的基础上，真正理解作品，领会作者的思想情感，并深入认识社会现实。

同时，随着媒体和技术的发展，教师在运用各种媒介产品时设定的教学目标也得到了广泛扩展。现代教师的教学范围涉及了从两汉时期到魏晋时期，从初唐到明清时期的古代文学作品。这样广泛的涵盖使得学生们能够更全面地认识和把握这些文学作品的共同特点和差异。教师们应努力帮助学生深化对古代文学作品的理解，提高他们的独立思考能力和对文学作品的批判性思维能力。

在教学过程中，教师们可以通过网络资源和多媒体产品，如文学网站、数字化文本、音频和视频等，为学生提供更多的学习机会和资源。通过多媒体技术，教师们能够呈现文学作品的丰富背景，包括作品的历史背景、文化背景以及作者的生活经历等。这样的教学方法使得学生们能够更加深入地理解作品，并将其与当代社会现实相联系。

此外，教师在教学过程中注重培养学生的文学素养。他们应教导学生学会鉴赏文学作品，领悟作品背后的艺术性和审美价值。教师们通过引导学生分析作品的语言风格、情节结构、角色塑造等方面，提升学生的文学鉴赏能力。他们还应鼓励学生多角度思考文学作品，以培养学生对文学作品的深度思考能力和见解。

2. 新媒体环境对古代文学教学改革带来的不足

（1）新媒体环境下的不良信息影响古代文学教学改革

新媒体环境的出现给古代文学教学改革带来了一些不足之处。首先，新媒体环境下的信息资源丰富多样，但其中大部分缺乏可信度和权威性。在高校教学中，教师和学生可能会受到虚假、不准确或低质量的信息的干扰和误导，影响到他们对古代文学作品的理解和学习。

其次，新媒体环境中的信息获取方式更加碎片化和分散化。学生往往通过浏览网页、阅读社交媒体、观看短视频等方式获取信息，这样的学习方式容易造成知识的片面性和表层化，难以对古代文学作品进行深入和系统的研究。同时，由于信息获取的便利性，学生可能面临信息过载的问题，无法有效地筛选和整合所学的知识。

此外，新媒体环境对于传统教学模式的挑战也给古代文学教学带来了一定的影响。传统的古代文学教学侧重于学生对文本的解读和分析，注重对学生的阅读和写作能力的培养。然而，新媒体环境下，学生接触更多的是视觉图像和短小精悍的内容，这些对于文学作品的深度思考和理解的要求相对较低，会导致学生对于古代文学的研究和探索能力的下降。

（2）新媒体环境下的不实信息影响古代文学教学改革

新媒体环境下的不良信息对古代文学教学改革带来了不良影响。首先，不实信息的传播可能导致学生对古代文学作品产生错误的认识。在网络中，大量的不实信息被发布和传播，这些错误的信息可能包括对文学作品的歪曲、不准确的解读或恶搞等。由于网络的普及和信息的便捷性，学生很容易接触到这些信息，并且可能将其误认为是真实的古代文学知识。以往，这种错误的认识可能影响学生对文学作品的理解和欣赏，甚至误导了他们对古代文学价值和意义的认识。

其次，网络人员的恶意篡改和传播也会对古代文学的形象和作品产生不良影响。在新媒体环境下，恶意的篡改和恶搞活动屡见不鲜。例如，有些人会编辑古代文学作品的诗句或改动作者的名字，以达到滑稽、娱乐或挑逗的目的。这些恶意的篡改和恶搞行为不仅对文学作品本身的形象造成了损害，更会对学生的学习产生负面影响。学生可能会误认为这些恶搞作品是原作的真实表达，扭曲了作者本意，进而影响了学生对文学作品的正确理解和评价。

最后，不良信息的泛滥也阻碍了古代文学作品的发展。在新媒体的影响下，传统的古代文学作品被冷落或被扭曲观念淹没。大量不实信息和娱乐化的恶搞作品充斥网络媒体，使得学生更倾向于接触这些短暂和低质的娱乐产品，而忽视了古代文学作品的深度和内涵。这种情况下，古代文学作品的学习和传承面临着挑战，导致这一块宝贵的文化遗产逐渐被遗忘和边缘化。

（三）新媒体环境下古代文学教学改革的措施

1. 创新教学理念，改善教学模式

为了使古代文学教学适应新媒体环境，教育者需要探索创新教学理念和模式，并充分利用新媒体环境中的网络资源、媒介资源和媒体资源，以提供更广泛的学习机会和多样化的学习体验。这样的创新将有助于学生更好地理解和掌握古代文学知识。

在课堂教学目标方面，教育者可以重新思考古代文学教学的核心目标，加强学生对文学作品的深度理解和批判性思维的培养。通过利用新媒体环境提供的各种资源，教育者可以引导学生从多个角度和层面去思考、分析和解读古代文学作品，从而促进他们对文学作品的综合性理解。在教学形式方面，教育者可以充分利用网络媒介中的古代文学作品和相关资料，创造性地设计互动课件和多媒体教学材料。这些教学材料可以包括音频、视频、图片和互动游戏等，以激发学生的学习兴趣和参与度。此外，教育者还可以通过在线讨论及与学生之间合作项目来促进学生之间的互动和交流，从而加深对古代文学作品的理解和感悟。在教学内容方面，教育者可以结合网络资源和媒体资源，以提供更广泛、多样化的教学素材。这包括但不限于古代文学作品的电子版本、相关研究论文和评论、作者的生平背景和时代背景介绍等。通过这些丰富的教学资源，学生可以更全面地了解古代文学作品的内涵与意义，培养对文学作品的鉴赏和评价能力。

除了课堂教学，教师还可以利用计算机技术进行网络备课和教学管理。通过利用网络工具和学习管理系统，教师可以更高效地制订教学计划、分发作业和评估学生的学习成果。此外，教育者可以通过在线学习平台和博客等工具，鼓励学生展示学习成果，与其他学生和专家进行交流和讨论，从而增强学习的互动性和社交性。

2. 改善课堂教学方法，加强新媒体产品运用

教师需要积极探索新媒体产品在古代文学教学中的运用方法，以学生为教学主体，借助新媒体产品的便利性，增进与学生的沟通和交流，引导学生进行古代文学方面的深层次思考，在保持传统教学优势的前提下，扩展古代文学的教学内容，采用丰富的教学方法，充分激发学生对古代文学知识学习的热情和兴趣。教

师可以利用新媒体在信息传递、时间空间内容等方面的优势，创新如游戏教学法、小组教学法等多种形式的古代文学教学法，在新媒体的助力下，帮助学生充分体会文学的魅力，提高学生的文字敏感度、对古代文学的领悟能力。

二、古代文学"新媒体＋传统"教学方式探析

新媒体教学是指利用计算机和互联网技术进行教学，主要通过电子课件和教案等工具在计算机网络平台上进行。它有丰富多样的教学内容、快速更新的教学理念以及灵活多样的教学方法等优势，有助于激发学生的学习兴趣并提升教学效果。

然而，新媒体教学也存在一些问题。例如，过多的教学内容可能缺乏统一性和思维导向；数量庞大的教学内容并不代表质量的提高；教学过程中的鉴赏和深入思考被忽略，导致抽象的结论充斥在课件中。这些问题需要我们认真去解决。无论是传统的板书、口述等教学方式，还是教育改革中创新采用的新媒体产品，都只是古代文学教育环节中表面的工具，教师真正应该注重的是对文学作品内核的赏析，帮助学生获得全新的生命体验，提高学生的文学敏感度，培养学生的批判性思维。因此，教师在明确教学的目标的前提下，应充分结合传统教学方式和新媒体产品各自的优势，探索适合新时代社会发展、能够培养全面素质人才的教育方式。

（一）工具与思想的结合

工具与思想之间存在着密切的关系。工具本身是人类思想的产物，它是人类智慧的结晶和对特定问题的解决方案。通过创造和使用工具，人类不仅能够拓展自身的能力和技能，还能够表达和传递思想。工具反映了人类的智慧和思想，因为它们是基于人类的知识、经验和创造力而设计和制造的。工具的形态、功能和使用方式都需要基于人类的认知和理解。例如，发明轮子的人思考了交通运输的问题，通过制造轮子这个工具来解决运输的难题。而随着技术的发展，我们创造了飞机、汽车等更高级的工具，进一步改变了人们的思维和生活方式。在教学中，工具不仅仅是教师用来传授知识的工具，也是思想传递和体验的媒介。过去的教学方式强调教师的讲授和学生的背诵，知识的传递主要依赖于教师的口述和学生

的记忆。这种方式虽然缺乏对知识的实时理解，但学生通过背诵经典文本可能会产生某种思想的直觉体验，他们通过与课本和教师的互动来理解和感受思想的内涵。

然而，现代教学更加注重师生互动和学生思维的培养。教师通过口语讲授、视觉辅助等多种方式来加强对知识理解和体验，使学生能够实时理解并运用知识。此外，教师的亲身体验和人格展现也成为思想传递的重要组成部分。通过教师的亲身经历和以身作责，学生可以更好地理解和体验思想的内涵，将其融入学习和生活中去。

教学中的思想传递和体验不仅仅是知识的传授，更是一种审美愉悦和人格熏陶。通过与教师的互动和思想碰撞，可以培养审美情操和人格修养，使思想传递和体验成为内容教学的支撑。这种思想的传递和体验不仅有助于学生的学术发展，还能对其人生产生积极的影响。

当前古代文学教学中存在的问题是过度依赖电子课件和网络资源，这使得教学模式失去了对知识深入理解和思考的关注，同时也忽略了教师和学生自身的体验和思想表达。这种依赖性可能导致出现一些深层次的问题和引发担忧。

电子课件和网络资源往往只提供表面性的信息，缺乏对信息深度和细节的探索。学生可能只理解了呈现的信息表层，而忽略了对文学作品背后的意义、主题和文化背景的深入探讨。这使得学生难以真正理解感受到古代文学作品的内涵和价值，从而限制他们的学习体验和思维发展。电子课件和网络资源往往呈现固定的信息和观点，缺乏对学生思考和解决问题的启发和引导。学生很少有机会独立思考、探索和提出个人见解。这可能导致学生们变得被动，只会机械地接受和记忆知识，而不能运用知识进行思辨和创新。这不利于对他们的综合素养和终身学习能力的培养。此外，过度依赖电子课件和网络资源削弱了教师和学生之间的互动和交流。传统的古代文学教学侧重于教师和学生之间的面对面的互动和讨论，这有助于激发学生的思维和表达。然而，因为电子课件和网络资源，教学变得单向和机械化，学生们很少有机会表达自身的想法和观点，也较少与教师或同学进行深入的讨论和互动。这导致学生的学习兴趣和参与度下降，从而影响他们对古代文学的深入研究和理解。

过度依赖电子课件和网络资源会导致教师在教学中失去灵活性和互动性。传统的古代文学教学侧重于面对面的互动和讨论，在教师和学生之间激发思维和表达欲望。

在现代科技高度发达的社会，工具和思想相互影响。然而，超前发展的科技可能导致人们过度依赖工具，使思想变得萎缩。特别是在教学中，过度依赖新媒体工具可能忽视了思想的鲜活性。

无论是传统的工具还是现代的科技设备，其最终目的都是为了促进思维发展。在教学中，我们应该引导学生深入思考问题、形成自身的见解，并培养批判性思维和创新能力。传统的教学工具也不可忽视。纸和笔等原始工具虽然看似简单，但它们能够促使学生更加专注和投入学习，有助于培养思维的敏锐度。因此，在使用新媒体工具的同时，我们也应该保留一定程度的传统教学工具，以充分发展学生的思维能力。不能过分依赖工具，也不能将思维局限于传统方式。应该将工具作为辅助手段，通过适当的使用，来支持和促进思想的发展创新。我们需要利用工具发展和应用，但同时也要警惕工具可能带来的思维依赖和限制。丰富和拓展学术内容能够激发学生的思考和好奇心，帮助他们将工具与思想结合起来，实现更加深入和广泛的学习。同时，通过拓展学术内容，我们也能够不断推动思维的发展和创新。为了在工具的影响下保持思想的活跃，我们应注重思想的深入理解和思考、保留传统教学工具、平衡思维和工具的关系，并拓展学术内容。只有这样，我们才能更好地应对工具可能带来的思维萎缩问题，确保思想的持续发展和创新。

在古代文学教学中，应重视传统教学方式，并结合新媒体工具。教师在课前可以通过使用新媒体工具来深入理解和分析文学资料。然而，无论是否使用新媒体，教师的思想和学识都是非常重要的，工具只是辅助而非替代。因此，教师应适当运用新媒体工具，而不是被其所驱动。正如"荃者所以在鱼，得鱼则忘荃。蹄者所以在兔，得兔则忘蹄。言者所以在意，得意则忘言"[①]。

（二）教学数量与质量的结合

中学教学注重满足高考要求并扩大学生知识面，但大学古代文学教学应更注重质量而非数量。考虑到古代文学知识的广博性，教师无法在短时间内全面深入

---

① 萧无陂导读注译 . 庄子 [M]. 长沙：岳麓书社，2018.

汉语言文学现代化建设实践研究

地传授所有内容。因此，大学古代文学教学应侧重于提高质量。这意味着教师应着重培养学生对文学作品的深刻理解、批判性思维和学术素养。通过分析核心思想和学术化的总结，来提供精确而简洁的教学，使学生能够更好地把握文学的精髓和价值。

传统的口头传授和板书提示确实存在一定的局限性，无法完全展示大量的教学信息，也可能限制学生的主动性。然而，出色的教师可以通过简洁而有力的方式，将所掌握的信息准确概括，并在课堂上即时发挥来进一步提升教学质量。如果这些精华的思想和方法确实被学生理解，那么这种教学模式反而能够为学生提供更多的引导和指导。

在这种教学模式的影响下，学生的学习方法得到启示。如果学生真正理解并应用这些精华内容，那么这种方法可以在数量和质量之间找到一种统一的平衡。因此，重要的是教师和学生之间要保持密切的互动，以确保教学内容的传递和学习方法的实践相结合，从而拓展学生的知识面和思维能力。

在多媒体教学环境下，教师不能完全依赖网络搜集的资料，而忽略对作品内容的加工与把握。教师只有在利用网络搜集资料时，经过筛选、整理和加工，将教学内容组织得有条理并富有情感，才能引导学生深入理解和体验艺术境界或情趣，进而提高教学质量。教师需要去伪存真、去粗取精地选择资料，并结合个人的主观审美和情感，将教学内容有条理地呈现给学生。只有这样，多媒体教学才能发挥其教学信息丰富的优势，通过生动的案例打动学生的内心。

如果教师只是将网络上的资料拷贝到课件中，学生会感到枯燥和缺乏灵感。学生只会向老师索取课件，而无法从中获得无法搜罗到的信息。因此，教师的引导作用是至关重要的。他们需要以自身的理解和热情，将课件中的信息与学生相互连接，并引导他们进入作品的艺术境界或富含哲理的情趣中。

教师不能一味地追求多媒体教学提供的多样的信息，而应将多媒体的便利与传统教学的精华思想结合起来，帮助学生掌握在繁杂信息中挑选有用的知识的本领，使学生做到举一反三。知识的教学不仅仅是传递信息，更需要引导学生主动去学习更多的内容。

在教学中，教师需要时刻注意讲解的感染力，无论是否使用多媒体，文学作品的教学都应该富含情感的表达。教师需要深入挖掘其中的知识性、趣味性以及人格伦理和思想情操，对每一部经典作品都有细致的体悟，并在传授知识的同时引发学生对作品的情感、灵魂和审美的探索欲。教学的质量不仅仅取决于数量，还需要有深度的体验和理解。

因此，在古代文学的教学过程中，多媒体始终只是辅助教师的工具，教学的关键依旧是教师的教学方法和内在素养。教师需要用心去挖掘每个作品的内涵，激发学生的思考和兴趣。学生只有在深入理解和感受的基础上，才能真正实现教学的质量提升，把握古代文学教学资料数量与质量的平衡，带给学生真正的享受和启迪。

孟子曾言："博学而详说之，将以反说约也。"[①] 教师在多媒体教学环境中提供信息时需掌握适当的策略和学习方法。教师需要广泛地学习各种知识，获取丰富的背景知识。提供信息时，教师应将这些知识进行高度概括，抓住其中的重点，有层次地向学生逐步讲解其中的细节，这样能够帮助学生更好地理解和掌握。接着，教师还需要对所学知识进行专门的深入探究，追求更高的专业水平和深度理解。最后，教师总结和归纳所学的知识，为学生对知识的回顾提供提纲式的帮助。这样才能够使学习内容更加系统化和易于理解、记忆。教师在多媒体教学环境中应注重广博学习与专业探究的平衡，以及在信息传达中简练精炼的能力。这样的学习方法不仅适用于教师，对于学生来说也颇为有效。

（三）鉴赏与研究的结合

古代文学本科教学中传统模式着重培养学生对作家和作品的常识性认知和鉴赏能力，通过感性的体验引发理性的探索，以达到鉴赏品味提升和研究意识培养的目的。这种教学模式突出了质量而非数量，在鉴赏与研究之间取得了平衡，从中培养了既有教学能力又具备一定研究能力的教师。

而新媒体教学模式则更加注重数量与质量的转变，遵循量变引起质变的原则。然而，该模式在推动学生从数量到质量的飞跃过程方面存在一定的局限性，难以完全满足要求。从教学效果来看，新媒体教学模式更加强调获取全面的资料和创新性的研究成果，但对作品的品味还需要进一步加强。新媒体条件下的教学可能会导致更多研究型教师的出现。

---

① 马少毅. 国学读本 [M]. 徐州：中国矿业大学出版社，2018.

因此，在古代文学教学中，应当探索传统鉴赏与新媒体研究的有机融合。引导学生进行创新性的研究需要建立在对古代文学基本常识和学习研究技巧的掌握之上。如果缺乏这些基础知识和技能，学生的研究可能会显得浅薄甚至是不完善的。而要更好地鉴赏作品，也需要新媒体教学条件提供的丰富知识信息，为学生奠定更科学的鉴赏品味基础。

鉴赏与研究相结合的教学模式是一种综合性的教学方法，它将文学的鉴赏与研究相结合，以提供更全面的教育体验。在这种模式下，教师不仅需要具备深入的研究能力，还需要具备出色的教学能力，以便能够向学生传授准确、全面的学术判断和结论。同时，教师还应通过具体的知识和鉴赏过程来启发和诱导学生的审美趣味。

在这种教学模式中，研究可以帮助学生深入理解文学作品的内涵和意义。通过深入研究，学生能够了解文学作品的历史背景、作者的创作意图以及作品对于社会和文化的影响。在研究的过程中能够培养学生的批判性思维和分析能力，使他们能够进行深入的文学分析和解读。而鉴赏则侧重于培养学生的审美情趣。通过鉴赏文学作品，学生能够感受到文学的美感和情感共鸣，提升他们对文学艺术的欣赏和理解能力。鉴赏与研究相结合，能够使学生在文学教学中获得更加全面的体验和收获。

在现代教育中，鉴赏与研究相结合的教学模式对教学尤为重要。随着新媒体的发展，学生面临着海量的学习资源和信息，他们需要具备批判性思维和分析能力，以从海量的信息中筛选出有价值的知识。通过重研究的教学模式，学生可以学会有效地利用各种资源进行研究和分析，培养他们的信息获取和处理能力。而重鉴赏的教学模式则能够使学生从感性的角度去理解和欣赏文学作品，在快速消费信息的时代，提高学生的人文素养和审美能力。

传统的鉴赏方法能够帮助学生理解文学作品的内涵和艺术特点，培养学生的审美情趣。然而，随着新媒体技术的发展，我们应该更加注重与时俱进，利用新媒体的资源和工具来进行文学研究。通过新媒体技术，我们可以以多样化的形式展示文学作品，例如通过音频、视频等形式呈现文学作品，让学生更直观地感受到文学的魅力。同时，新媒体还可以提供更多的文学研究资源，例如电子书、在线文献数据库等，学生可以通过这些资源获取更多的文献材料，深入研究文学作品的历史背景、创作意图等方面的内容。通过结合传统的鉴赏方法和新媒体的研究手段，学生可以获得更丰富和深入的学习体验。此外，新媒体还可以为学生提供更广泛的文学研究资源。通过互联网和数字图书馆，学生们可以轻松获取大量的文献资料和研究成果，深入了解作品的背景和相关的评论。同时，新媒体也提供了交流和合作的平台，学生们可以在网络上与他人讨论、分享研究成果，以激发更多的灵感和思考。

总之，鉴赏与研究相结合的教学模式能够为学生提供更全面和深入的文学教育。教师在教学中不仅要注重研究能力，也要注重对文学作品的鉴赏及教学能力，通过引导学生进行具体的知识鉴赏过程，培养学生的思辨和品味能力。同时，传统的鉴赏方法和新媒体的研究手段相结合，能够为学生提供更广阔的学习资源和互动平台，丰富他们的学习体验，激发他们对文学的兴趣和热爱。通过这样的教学模式，教师能够培养学生全面发展的能力，使他们在将来的学习和生活中能够作出更具深度和智慧的判断。

第二节 新媒体环境下当代文学教学研究

在互联网和电子科技迅速发展的 21 世纪，视觉文化逐渐成为一种趋势。以互联网为基础的新型传播媒介的发展给文字消费带来了新的机遇和转变。目前，文学史的研学和文学作品的解读这两类课程是我国大多数高等院校设置中国当代文学课程的主要类别。受学生阅读能力以及阅读量的影响，教师通常选择直接传授的教学方式，并根据学生的实际学习情况对教学内容进行规划、对教学过程进行设计。由于课堂时间有限，学生的学习能力参差不齐，所以部分学生的学习效果在一定时间内很难达到预期，学生就会产生厌烦、急躁等抵触情绪，并逐渐失去学习兴趣。在新的社会发展背景下，应该探索新的教学方法和教学模式，来解决目前教学中遇到的问题。将影视作品改编后与教学课程相结合，以此为媒介进行教学，是一种新的教学方式，它能够最大程度发挥数字化媒体资源的优势，弥补传统教学的短板，促进当代文学教学质量的提高。

一、新媒体传播在当代文学教学中的创新应用

（一）新媒体教学观念的改革

关于文学教学的研究是当代文学研究的一个重要分支。新媒体的发展对文学教学的形式及内容产生了巨大的影响，其中新媒体独特的推动作用就是专家和学者重点研究的问题。目前，各高校虽已广泛应用新媒体教学模式，但并没有将这种模式和本校课程相结合，在优化课堂氛围和调动学生学习积极性方面还有待完善。跨学科的比较研究是一种将新媒体教学模式和改编过后的文学作品相结合的研究，是探索新媒体发展与应用的有效渠道。

教师在教学过程中如果要使用与当代文学相关的影视改编作品，要视实际教学内容而定，根据学生具体的学习情况设定适当的教学目标，准备适合的教学方案。对比改编作品与原著的差异，分析文本与影像的相互关系，探索中国当代文学和影视改编作品的结合成果和发展方向，更充分地利用好影视改编作品，保证教学质量，提高文学教学的功能性。

（二）教学方式的革新

1. 构建中国当代文学史的理念

中国当代文学课程涉及许多非常优秀的文学作品，以中国当代文学课程中的"新时期"的文学为例，它与西方近代理论有着极为密切的联系，各种文学现象在这一时期涌现，如先锋文学、寻根文学等具有时代特色的文学作品，其内容丰富、主题鲜明、人物特色突出，非常适合作为影视改编的素材。

2. 课程形式的革新

以时代背景为前提，以文学理论为基础，结合改编的影视文学作品，恰当地运用多媒体进行教学，能够让学生从多角度进行观察，充分调动视觉、听觉等感官，更清楚地理解所学内容，更深刻地了解作品，更好地感悟中国当代文学作品的内涵，以及其发展历程。

传统的教学方法存在语言滞后的弊端，容易给学生造成思维障碍，为改变这一问题，建议教师采用非语言行为，以影视欣赏为媒介，通过一些动作或模型，给学生更为直观的演示，帮助学生更好地理解所学内容，从而达到最佳的教学效

果。中国当代文学发展变化有其自身的规律，政治和经济因素同时也影响着文学的发展。高校文学欣赏课程应当解读经典作品、了解优秀作者、梳理中国当代文学发展的进程、对比不同时期的文学现象和分析时代因素影响下的文学流派和文学思潮。同时，根据学生的已有的经验和学习能力，确定高校文学欣赏课程的最佳方案。

3. 打通中国当代文学与影视艺术之间的界限

"艺术来源于生活，更高于生活"，艺术是生活的真实写照，生活是艺术的不竭源泉。文学作品同样来源于生活，每一部作品都是作者结合真实的生活体验和当下的社会背景，通过提炼升华，有感而发形成的。其中包含作者独一无二的创作理念，通过文字的形式表达出来。这也被称为对生活和艺术的再创作。中国当代文学作品在 20 世纪逐渐步入成熟时期，这段时间也是电影和电视飞速发展的时期。影视也被称为第七艺术，它与文学息息相关，一脉相承。影视依托声像技术，有其独特的表现形式和作用，通过画面和声音的传播，能够完成对故事的叙述和对主题的表达，其创作理念、意识形态功能和评价方式都与文学作品有着异曲同工之处。

（三）新媒体教学手段的应用

1. 拓展课堂教学的深度与广度

20 世纪以来，中国当代文学教学受社会环境和人文背景的影响，与社会发展有着密切的联系，并且已经成为社会变革的重要标志。这就要求高校的文学课堂把握时代的脉搏，与时俱进，将文学延伸到社会范畴，使其反映真实的社会生活和社会变迁，扩大文学发展的蓝图。

2. 组织学生课外阅读并观看经典文学作品改编的影视作品

对文学作品的研读有利于提升学生的自主学习能力。学生在阅读的过程中首先要运用自身的思维能力去理解文本，其次充分发挥想象将文本与影视改编作品相比较，探究二者所呈现的效果的差异性。这个过程有利于课堂教学和课外阅读的融合、教师教学和学生自学的结合，从而提高教学质量，培养学生能力。

通常，由中国当代文学改编的影视作品可分为三类。

一是"忠于原著"型。这类作品大部分诞生于精英文学的形成时期，20 世纪初期。这个时期的文学创作注重展示作者的艺术个性，表现作者的艺术审美，表达作者对艺术探索的追求，带有现实主义的批判精神，深刻地反映了现代中国文学的特点。其改编难度较大。

二是在"再次创新"型。这类作品仍然没有脱离原著，在对原著充分理解的基础上进行二次创作。张艺谋导演的电影《活着》，就是在原著的基础上进行了二次创作，因此电影和小说的差异是确实存在的。原著中从余华的角度以相对客观的视角进行叙述，而电影中则是以第一人称和第一视角进行叙述的，改编后的电影并没有采用原著的"双重叙事"手法，而是重新构建了整个故事的框架，增强了影视作品的艺术感染力。

三是"彻底改编"。这类作品摒弃原著内涵，带有完全的改编属性。文学作品经过改编后成为电影，二者是不同的艺术形式。受商业化因素的干扰，电影的创作过程带有明显的商业属性。例如电影《白鹿原》，改编自陈忠实的原著。这部电影只截取了原著的一部分，人物线索较为混乱，人物命运也没有交代清楚，使得结构整体性被破坏。此外，时间线和故事脉络的缺失使得电影的关键部分，比如白鹿两家祖孙三代的对立冲突，就没能成为电影的主线，主题也就不能很好地被表达出来。可以说，原著的优势在于浓厚的历史氛围和鲜活的人物形象，而改编后的电影恰恰失去了这两点。

文学作品和影视改编作品属于两种不同的艺术表现形式，在表现手法和叙事方式上具有明显的差异。文学作品以文字描述人物形象或讲述故事，而影视改编作品是以表演的方式塑造人物或展现故事。二者各有千秋，但影视改编作品在视觉上更直观，整体上更立体，所以呈现的效果更生动形象，所以电影的表现手法更有利于人物的塑造和情节的发展，使得整个作品更加饱满、真实。

在中国当代文学的教学领域中，教师要积极转变思想，打破传统教学方式的束缚，由以教授为主向辅助学生学习为主转变，在授课过程中可以适当播放影视改编作品，为学生将基础知识和理论研究与实践相结合提供资源。在选择资源时，教师应首先把握改编与原著的关系，看看影视作品是否符合原著的立意和主题，能够突出人物的特征和精神；其次，要选择能代表影视改编作品最高水准的电影。只有选择合适的多媒体教学（影视欣赏）手段，控制好它的质和量，才能进一步推进教学改革，加快中国当代文学课程改革研究的进程。

丹尼尔·贝尔指出："当代文化正在成为一种视觉文化。"① 如今，时代在发展，观念在改变，视觉文化在逐步兴起，越来越多的中国当代文学作品已经被改编为影视作品，并逐步融入当代文学教学课堂中去。这里必须指出一点，影视作品不等于文学文本，二者具有明显的差异，但它们又相辅相成，可实现和谐统一。影视改编作品不仅源于文学文本，更是文学艺术和大众审美相协调的整体，是代表影视文化的承载物。所以教师应当明确教学目标，合理利用多媒体教学资源，教授学生正确的学习方法，提高学生独立自主的学习能力，加深学生对当代文学课程的理解和感悟。

二、新媒体环境下当代文学教学改革探析

面对新媒体的崛起，传统的文学教学正面临前所未有的挑战。教师应当准确把握时代的特征和当代文学的学科特点，摒弃单一的课前准备模式，建立师生双向的互动式模式，根据学生学习情况设置教学内容，对学生进行多元化的考核，充分利用新媒体的优势改善教学方法，完善教学体系，提高教学效果。从学生的角度来说，传统的教学模式和教学资源不能满足他们的需要。手机、电脑、电视等设备的更新和微信、微博等社交软件的普及，大大拓宽了学生获得知识的途径，也改变了学生的思维方式和交流模式。所谓"穷则变，变则通，通则久"，在这种形势下，教师势必要顺应时代的潮流，在新的机遇和背景下探索新的教学模式。因此，要不畏新媒体环境的挑战，抓住机遇，探索更完备的教学体系，追求更优质的教学效果，对当代文学来说是非常有意义的，这也是本书重点讨论的问题。

（一）教学准备多变化

一般情况下，当代文学这门课程的内容是理论知识偏多，实践知识偏少。传统的当代文学的教学准备工作以教师为主体，是教师以课本为基础，以学生具体情况为依据，将教学目标、教学内容、教学方法书面化的过程。这种备课整体来说比较完备，但由于学生不参与准备而具有单向性。此时，新媒体的大数据和信息服务功能就为学生获取大量信息提供了渠道。新媒体的合理应用有助于激发学生的学习兴趣，提高学生的学习效率和学习能力。

---

① 张贤根. 互文性 在艺术、美学与哲学之间 [M]. 武汉：长江文艺出版社，2011.

教师在教学准备阶段，应借助新媒体充分激发学生的学习兴趣，用新媒体所带来的新奇体验模式培养学生的自主学习能力，并且教师要密切关注学生在使用新媒体时所遇到的问题，并及时纠正学生学习中存在的错误。比如，以当代文学作品选集为教学目标的课堂，教师一般会先行介绍作者，讲述作者的生平事迹，介绍作者其他的优秀代表作，而这部分内容对于使用新媒体学习的学生来说，是非常容易获得的知识，因此教师没有必要将知识全部倾倒给学生，可以将任务分派给学生，让学生自主地查找资料进行学习。搜索并获取知识在新媒体的使用过程中并不算难，但使用不同的搜索引擎会得到不同的内容，比如，"搜狗百科"和"百度百科"所呈现的内容大体一致，但"百度百科"中还提到了人物关系方面的内容。所以教师有必要教给学生高效的查找资料的方法，让学生快速而全面地将重点资料掌握，培养学生的收集整理资料能力，以及同学之间的协作共赢意识。学生在课前完成资料的搜集和整理有利于更快地进入上课状态，更好地理解学习内容，从而对文学作品有更深刻的理解。

从另一个角度来说，学校具备丰富的数字教学资源，比如超星电子图书、中国知网、读秀学术搜索等，学生要把握好这部分资源并充分利用，多了解相关的优秀作品和学术点评，提升自身的文学修养。这种教学模式的应用，对教师和学生都提出了更高的要求，要求教师熟练掌握新媒体的使用并加以管控，在文学教学中培养学生的学术思维；要求学生借助新媒体提高自己的学习效率和学习能力。不妨打破传统教学步骤，重新设计"作家讲解"这一部分内容的教学，将查找资料和介绍作者的任务交给学生完成，时间为5~10分钟。在学生搜索和整理的过程中，教师可以提供帮助和指导，以便学生更高效地完成任务。在新媒体的作用下，这种双向互动的模式，有利于改善教师主动灌输、学生被动接受的模式，让学生成为课堂的主体、学习的主体，这不但能培养学生独立自主的学习能力，还能提高学生思维的逻辑性。教学准备多样化这种模式改变了传统被动接受的方式，让学生真正参与到学习中来。

（二）教学内容与方式多样化

欧阳友权在《新媒体与当代文学现场》一文中指出："就当代文学现象来看，网络写作以其新媒体传播与市场化运作，实现了对文学版图的颠覆性重构，形成了'三分天下'的当代文学新格局：一是以出版营销为依托的图书市场文学，二是以文学期刊为主阵地的传统文学，第三块便是以互联网络为平台的网络文学或新媒体文学。"大学生对新媒体文学和网络文学有着强烈的兴趣，而且对它的兴趣要远超其他类型的文学形式。学生的知识来源和学习方式受到新媒体发展的影响，使传统的教学方式远不能满足学生的需求，会导致学生的学习积极性下降，形成恶性循环，更不利于教学的发展。

通俗地说，教学方式就是教师教学的方法，而教学内容就是学生要学什么。在高校课程中，当代文学科目的设定是比较固定的，其中包含规定的教材和篇目。但当代文学是与时俱进的学科，新媒体和网络的发展使得这门课程也需要做出相应的变化。学生在接触新的形式和内容，教师的教学内容和教学方法也应当随之更新。为促进教学内容和方式的多样化，提以下几点建议。

第一，还原现场式教学。在学术界，对于"当代"一词的概念目前还存在争议，按照历史时间划分，当代指的是从 1949 年中华人民共和国的建立开始，直至今日，将近七十年。现如今已是 21 世纪，新时代的大学生对"新时期文学""十七年文学"这些概念都比较模糊，理解起来还是有一定困难的。对于未曾经历过的历史，教师应充分利用互联网上的资料，如图片、故事、影视资料等，这些资源能够极大程度地丰富课堂活动，为学生创设环境，使学生能够更深刻地理解特殊背景下的文学作品。

第二，现身说法式教学。新时期以来，涌现了许多优秀的文学作家，如刘心武、舒婷、北岛、莫言、韩少功、贾平凹、池莉、方方等。新兴的新媒体为作者与读者的沟通，提供了便利的条件。教师也应该大量收集访谈、演出、讲座等资料，或通过微博、论坛等社交媒体，充分利用网络资源，让作家和学生"面对面交流"，缩短学生与作家之间的距离。更具体的活动还有，参加线下讲座或交流会，鼓励学生和优秀作家近距离接触，面对面交流。比如王安忆在复旦大学任教，莫言在北师大任教，毕飞宇在南京大学任教，阎真在中南大学任教等。俗话说"百闻不如一见"，与优秀作者的接触，有利于学生更深刻地理解文学作品，感悟中国当代文学。

第三，"反恶搞"教学。新媒体的发展使得人们的语言习惯也随之变化，流行语开始在网络上传播。"恶搞"不仅存在于人们的日常生活，有时甚至进入了课堂。关于这种现象，它是时代发展的产物，但也要辩证地看待。这是教师不能忽视的问题，必须给予正确的引导。在教学过程中，出现明显问题的是当代文学中的"红色经典"部分，已经被"恶搞"渗透，容易出现教学问题的偏差。比如，在有些网络"恶搞"中，《白毛女》的喜儿被嫁给了黄世仁；《沙家浜》中的阿庆嫂被变成了风流寡妇；《闪闪的红星》的潘冬子被变成了贪财好色之徒，这类恶搞已经对当代文学产生了不良影响。教师应以此作为作反面教材，进行点评和讲解，将其荒谬的部分去除，再根据作品的时代背景和人文环境，还原经典，让学生体会经典原著的意境和意义。

就如何使新媒体融入教学过程，提出以下几点建议。

第一，利用新媒体培养学生课前自主预习和课后独立复习的能力。传统的授课模式中，教师占主体，一般是"灌输式"的教学，随着科技的发展，信息的传播方式也受到影响，互联网使得这种传统的模式开始改变，为学生搜集学习资料提供了很大的便利，有利于提高学生的学习效率。具体来说，可以在课前给学生预留任务，让学生搜集相关知识的信息和资料，并上传到网络平台，同学之间信息共享。比如班级 QQ 群或者微信群，就是很好的共享学习平台。这种模式下，学生被充分调动参与到课堂中来，教师则承担辅助和引导的责任，对学生提出的信息进行补充或者纠正，再加之教师对重点难点的讲解，使得课堂氛围更加和谐，教学目标更加细化，教学效果更上一层楼。新媒体文化的冲击使得高校学生的文学阅读量不断下降，为解决这一问题，可以采用以下几种措施。高校可以完善图书馆的相关政策，鼓励学生进入图书馆阅读打卡。同时也可以大力推广电子书，电子书作为新媒体影响下的新形式，只需依托移动端就可以进行阅读，内容丰富，方便快捷，推荐的软件有 kindle 等。还有一种有声读物的方式，即听书软件，比如"酷我听书""懒人听书""喜马拉雅"等，这些听书类的软件能够解放双眼，调动听觉，使得部分枯燥的作品变得生动有趣，有利于激发学生的兴趣。调查发现，大部分学生使用听书软件完成阅读后，仍然有兴趣阅读纸质版的作品，即学生对作品的兴趣是持久的。因此，教师应多发掘新的阅读形式，引导学生逐步对文学和阅读增加兴趣，比如在课程结束后，教师可以将搜集到的相关资料，如中国当代文学精品课程、国家精品文学类综艺节目、超星视频中的名师课堂等，分享给学生，一方面让学生温故知新，另一方面培养学生的学习兴趣。如果教师或学校有能力开发新的软件或材料，也是一种丰富学生学习的途径。中南民族大学文学与新闻传播学院教授王兆鹏同韵诗词合作，共同打造了"唐宋文学编年地图"，其中包括135位唐宋著名文学家的生平和作品合集，由于此软件仍然处在更新和研发阶段，王教授还打算将音频、视频、图片等加入其中，作者的画像、原作的笔迹等，这些都是生动鲜活的素材，能够带领学生进入诗词的世界畅游一番，既能让学生相对轻松地学习诗词，又能激发学生的学习兴趣。关于教学改革的创新，这些都是可以借鉴的方向。

第二，充分利用互动软件提升学生的参与度。在教学过程中，教师应主动向学生提供教学相关资源来丰富课堂教学。除此之外，互动软件也是可以尝试的新媒体。学生在升入大学后，自律的程度会有所下降，这也是为什么会有"无手机课堂""手机入袋"这些措施的提出，然而这只是治标不治本，并不能从根本上解决玩手机的问题，也达不到提高学生学习效率的目的。现阶段对于课堂互动软件的构想就是，让学生通过手机，参与教师的教学活动。这是我们教学改革中需要努力探索的方向。重庆邮电大学通信与信息工程学院的一位教授设计了一种基于 Android 客户端和 Apache web 服务器的课堂互动应用系统，选择 JSON 和 HTTP 协议作为数据通信的方法。经过实验，确定了这款课堂互动应用系统的性能，是具有多功能的平台。学生端可以在线签到和完成答题，而教师端可以在线点名，了解学生的出勤情况，还可以查看学生的答题情况，了解学生的学习程度。这个平台实现了互联网新媒体的教学模式的创新。它提高了教师和学生之间的互动频率，提高了教师的教学质量，也提高了学生的学习效率。文学类的课程以文字为主，且具有跨时空的意义，设计软件的方法实施起来还是有困难的，但这并不妨碍教师结合实际教学情况对新的模式进行构想。根据高校学生的特点，学生对文学作品中的情节故事内容充满了好奇心，对其他相对枯燥的部分甚至产生排斥心理，这就会导致学生的学习并不深入，仅停留在表面，不能深刻理解作品内涵，不能体会中国当代文学的意义。因此，在条件允许的情况下，设计互动软件是可以尝试的新媒体形式。

第三，创新作业形式，通过新媒体检查学生学习成果。根据中国当代文学课程的内容和特点，作业一般都以作品赏析类型为主。而这种评价式的文章在互联网平台上比比皆是，部分不够自觉的同学就会直接"借鉴"文章应付作业。新媒体形式的发展为改变这种现状提供了有力的支持。具体来说，可以将交互性软件用于作业形式的创新上。学生作为软件的固定用户，不仅可以在平台上查找各种资料，还可以在平台上完成作业。比如，教师针对诗歌类的内容布置了朗读打卡的作业，即要求学生通过软件上传自己的音频作业。这种模式下，教师可以将音频的好评率和点击率作为评分标准，这样的模式紧跟互联网时代的潮流，突破了纸质版作业的局限，创新了作业形式，在很大程度上能够激发学生的好奇心和学习兴趣，也为新媒体教学改革提供了方向。

"新媒体"的发展和普及有利有弊，教师应充分了解新媒体的教学模式，在教学过程中严格把控新媒体的使用。孟子曰："耳目之官不思，而蔽于物。物交物，则引之而已矣。心之官则思，思则得之，不思则不得也。"[①] 在以视听为主要形式的新媒体环境下，教师不仅要勤于思考，也要引导学生思考，让学生真正地理解和感悟中国当代文学的魅力。

（三）教学评价多元化

中国传统教育的评价方式以考试为主，高校开设的当代文学课程的评价方式也是如此，由平时成绩和期末考试成绩组成，其中占比较重的是期末考试成绩。期末考试的试卷一般包含判断概念、名词解释、论述观点、赏析作品等题型，考查的知识相对死板，学生只需要死记硬背即可通过考试。正是由于缺少对学生内在文学素养的考查，便无法衡量教师的教学效果，长此以往形成恶性循环，不利于当代文学教学的发展。因此，推进当代文学的教学评价考核体系的改革，是非常有必要的。

首先，可以将学习融入日常交流。多种多样的社交媒体为教师和学生的日常交流沟通搭建了桥梁。利用微信、QQ、钉钉等软件可以通过组建群组将班级集合起来，每位学生都可以在群组中发表观点，也可以通过语音电话进行讨论，这种交流模式突破了时间和地点的限制，并且具有灵活性和趣味性的特点，为学生自主学习探索提供了新的路径。教师要积极参与学生的日常讨论，观察学生的学习情况，来评价学生的学习成果和学习态度，给予平时成绩。

其次，善用表演形式。当代文学作品不仅只是文字和声音的形式，还有许多

---

① 杨泽波．孟子性善论研究（再修订版）[M]．上海：上海人民出版社，2016.

影视化的经典作品。教师可以创办文学表演社团，鼓励学生积极参与表演，例如，诗歌朗诵、话剧表演等活动，既能让学生更真实地体会文学作品中的人物情感和故事情节，又能激发学生的新奇感。教师可以通过观察学生表演的状态来分析学生对作品的理解程度，这也是对评价方式的创新。

最后，引导学生分辨是非。互联网是一把双刃剑，新媒体所传播的知识也有好有坏。基于流量的密码，有些"恶搞"已经超越道德底线，破坏文化形象，应该被坚决地抵制。教师作为将新媒体引入课堂的实践者，必须把控好新媒体的使用，防止学生误入歧途。当学生对文学作品进行改编时，教师应该突出强调道德性和原创性的原则，引导学生做出正确的判断，培养学生明辨是非和理性思考的能力。教师可以将学生改编的作品上传到班级群组，组织学生共同讨论并进行评价，综合每位学生的评价给出最终评价，即由单一教师评价向多方互动评价转变。

综上所述，当代文学教育在新媒体环境中仍然面临许多挑战，但同时也争取到有益的发展机遇。新媒体就像一把"双刃剑"，教师要因地制宜，取长补短，充分发挥新媒体的优势作用，激发学生的学习兴趣，同时帮助学生更好地理解知识，感悟当代文学。

第三节　新媒体视野下汉语类教学研究

一、新媒体时代下现代汉语教学研究

（一）目前现代汉语教学所面临的问题

现代汉语是高校文学相关的基础必修课程，目前教学研究在不断发展，教学改革在不断推进，现代汉语教学也直面机遇与挑战。在不断发展和变化的过程中，最重要的是分析目前现代汉语教学的现状，明确面临的问题。只有这样，才能准确地把握重点，有针对性地解决问题，将新媒体的优势与传统现代汉语教学资源进行整合，优化现代汉语教学的模式。

1. 教学内容与实际相脱节

经过实践和调查，目前高校开设的现代汉语课程的内容存在过于陈旧和与社

会脱节的问题。当今社会互联网和新媒体飞速发展，而现代汉语教学更新的速度远不及此，这就导致了现代汉语教学内容与实际社会脱节，现代汉语教学也就不能融入社会生活中，这势必会影响学生的学习积极性，影响教师的教学效果。

2. 教学理念相对落后

教师在课堂教学中占主体地位，是课堂的把控者。但由于部分教师的教学理念还相对落后，不能将学生带入课堂的重要位置，使得学生的参与度很低，打消了学生的积极性。还有部分教师仍然采用较为传统的教学方法，课堂环节设置枯燥，忽视学生的个体差异，使得现代汉语的课堂枯燥乏味，学生的学习效果也参差不齐。这种现象不利于学生现代汉语的学习，更不利于现代汉语教学的改革和发展。

3. 学生学习态度不端正

学生进入大学后，容易出现自律性下降，学习状态低迷的问题。其中，最普遍的问题就是学习态度不端正。现代汉语课程，理论的知识偏多，这些理论知识的传播有利于培养学生的文学素养，提高学生的语言水平。教师应充分认识到这门课程对学生的重要性，引导学生重新认识这门课程，树立正确的学习态度。

（二）新媒体时代现代汉语教学资源的整合与利用

随着互联网的高速发展，信息化逐渐成为现代社会的重要特征。新媒体的兴起冲击了我们的生活方式，改变了语言文化的教学方式。现代汉语教学与学生的文学素养和思想内涵培养息息相关，新媒体和现代汉语教学的融合，扩大了知识层面，开拓了文学视野，更新了教学方法，丰富了教学形式，对于学生的全面和谐发展具有重要意义，对于推动现代汉语教学改革也有着不可忽视的作用。

1. 教学资源整合利用的可能性与现实性

随着科学技术的不断发展，新媒体在教学改革的过程中逐渐占有一席之地。新媒体的实质是信息的载体，它所传递的信息都是与日常生活息息相关的内容，便于创作者发散思维，也便于和学习者引起共鸣。新媒体和现代汉语教学的结合能够重新整合资源，架构新的结构，推动现代汉语教学的改革和发布。

（1）新媒体蕴藏丰富的资源

新媒体蕴藏丰富的信息资源，这些信息会借助新媒体飞速传播。现代汉语教学的内容和形式还存在一定的滞后性，因此要依靠新媒体，实现信息的同步和资源的更新，弥补传统教学的短板。新媒体中信息反映着当今社会的动态，信息的交互也给教学研究人员指明了新的研究方向，促进现代汉语教学的传播和变革。

（2）新媒体的使用方便快捷

新媒体设备的使用已经普及，手机、电脑等移动设备已经成为人们日常生活的重要组成部分。通过手机，可以接收微信信息、浏览网页新闻、加入群组讨论，这些都是信息的交互，这种沟通方式缩短了人与人之间的距离，也拉近了人与社会之间的距离。如果将新媒体应用于课堂教学，就能方便快捷地实现信息的共享，将文学作品的文字和其他形式结合起来，丰富现代汉语课堂的内容，更新现代汉语教学的模式，提高教学效果。

（3）新媒体在教学中具有实用性

语言学习包括语音、词汇、语法三要素，三者相辅相成，对语言文学的教学具有重要意义。新媒体设备的使用包括输入信息、发表评论、浏览信息等，这些活动可以对应现代汉语教学中各层面的教学目标，培养学生运用语言文学的能力。例如，拼音输入法可以训练学生的普通话；连续联想输入法能够激发学生的想象力；播放流行音乐可以体现现代汉语的魅力等。这些活动能够给现代汉语注入新鲜的活力，推动现代汉语教学的创新和发展。

2. 整合利用的方法和途径

新媒体与现代汉语教学的结合是一个多方受益的模式。对于学生来说，新媒体的使用激发了他们的好奇心和学习兴趣，对于教师来说，新媒体创造了新的教学模式，带来了教学改革和发展的机遇。但是，新媒体技术和传统教学的结合必须按照一定的原则，遵循一定的规律。推广新媒体技术在教学中的应用，推进新旧资源的整合，对于现代汉语教学两者都具有重要的意义。

（1）积累和筛选教学资源

积累和筛选教学资源是将新媒体信息投入课堂的第一步。互联网的信息量非常庞大，其中有关教学的资源也是错综复杂的，因此对信息和资源的筛选就是教师准备课前资源的前提。然后，将筛选过的资源进行积累和整合，资源的整合方法有很多种，常见的有：重新组合、技术分类、科学改编等。教师在准备过程中，要将有用的教学资源归类整理，再重新排列组合，或者根据学科的特点进行改编，能够使新媒体资源更符合现代汉语教学的内容，也能为现代汉语教学增添新的活力。二者的有机结合，体现了新媒体技术的适应性和优越性，也体现了现代汉语教学的包容性和创新性。

（2）生成和构建课堂资源互动

依靠新媒体的技术支持，构建师生之间、资源之间的互动，能够丰富课堂内容，提高教学效率，培养学生兴趣。举例来说，新闻联播的国际新闻版块就是现代汉语教学中可借鉴的资源。通过播放此类片段，教师可以组织学生进行讨论，这既能够拓宽学生的视野，让学生了解时事热点，又能够锻炼学生的思维能力和表达能力。需要注意的是，新媒体的使用是有一定弊端的，对于部分负面的信息，教师要加强对学生正确的引导；对于相对中性的话题，学生之间可能会产生意见分歧，教师也要及时把控言论方向，引导学生树立正确的价值观。

（3）练习与实践相衔接

现代汉语的教学，绝不能仅限于课堂，还要有丰富的课外教学活动。将新媒体技术和课外教学资源相结合，开展多样化的实践活动，以此增加学生的实践经验，有助于拓宽学生的视野，激发他们的创造力。具体来说，有朗诵比赛、演讲比赛、对诗竞赛等形式，都是培养学生文学素养，增强学生语言运用实践能力的有效途径。整合新媒体和线下教学的资源，能够快速推进现代汉语教学的发展，彰显现代汉语丰富的艺术价值。

新媒体技术与现代汉语教学资源的结合，旨在将现代汉语课程教学活动的资源最优化，它包括课前准备、课中实施以及课外活动，是这些环节中，所有的人力物力、社会资源以及自然资源的总和。与传统教学相比，新媒体时代的现代汉语教学具有很大的优势和特点，但我们也不能否认传统教学中的优点，传统教学中凝聚了许多专家学者的思想智慧，是长期科研与实践的成果。传统教学资源的最大特点就是严谨、权威、准确。因此，在科学技术不断发展的今天，我们既要保留传统教学中的精华部分，又要充分发挥主观能动性，借助新媒体技术，将传统教学资源与创新的教学资源加以有效整合，使现代汉语教学能够与时俱进。凸显出现代汉语教学的重要性，彰显现代汉语的深刻内涵和独特魅力。

（三）大学现代汉语课程教学模式探索

当前各高校大学生的汉语表达能力普遍下降，中文专业的学生也是如此。造成这种状况的一个重要的原因就是缺乏语言文字的相关理论素养和实践训练。而同时，中文专业的学生未来的职业又多对语言文字运用能力有着较高的要求。

大学中文专业的语言类课程，特别是现代汉语课程正是语言理论和语言实践的结合。现代汉语课程的良好教学状况有助于学生掌握语言文字的相关理论，树立规范运用汉语的意识，并进一步提高汉语运用能力，提高其就业竞争力。但是现代汉语课程的教学实效性普遍不高。一方面，传统的教学模式难以激发学生积极参与性。传统的教学模式以教师为主导，进行单向灌输，该教学模式虽然在系统传授理论方面具有优势，但由于其重教师讲授，轻学生探索与创新；重学习结果，轻学习过程；重学生被动认知，轻学生主动参与，难以激发学生学习的兴趣和能动性。另一方面，课程的讲授内容缺乏和实际生活的联系，难以引发学生的学习兴趣。《现代汉语》主要从语音、词汇、语法、语用、汉字等方面对现代汉民族使用的语言进行系统、深入的介绍，但教材内容重语言理论轻语言实践、重语言体系介绍轻创新成果引入、重传统研究少与时俱进，难以让学生产生兴趣和共鸣。

下面试图从课程教学内容、课堂教学方式、课后辅助教学形式等方面对现代汉语课程的教学模式作一些探索，以期改善现代汉语课程的教学效果，切实提高学生的语言文字运用能力。

1.调整教学内容，使其更贴近实践和现实

现代汉语课程目前的教学内容，一方面，重理论介绍轻实践训练，另一方面，缺乏与时俱进，没有很好地和当前的社会生活联系起来。要想真正通过该课程教学激发学生兴趣、提高学生语言能力，需要对现代汉语的教学内容进行调整。在语言理论学习内容的基础上，增加社会热点语言现象调查研究、与学生未来职业能力相关的语言项目教学实践等内容，使理论与实践、课程内容和社会生活有机结合起来，增加理论的现实性和针对性。具体来说，针对学生"只知文学家，不闻语言学家"的状况，可以向学生推荐介绍相关语言学家的生平和研究成果，将课本中的理论和生活中的人物对应起来，拉近学生和语言理论的距离。针对学生理论学习多，语言实践少的状况，可以设计方言调查的教学内容，引导学生初步运用理论进行实践，调查自己地区方言的基本面貌，关注方言生存的社会文化问题。针对学生未来的职业能力，可以引入小学阶段的拼音教学、汉字教学、词汇教学，以及针对留学生汉语项目教学等实践内容，既可以巩固所学理论，又可以锻炼教学能力。

此外，外来词语、网络词语、广告用语等语言现象的实践调查、理论阐释、规范研究等都可以设计为生动的教学内容，让学生感受到语言与社会生活密切相关，培养其在社会生活中关注语言现象、发现语言魅力的习惯。

上述教学内容的调整可以为现代汉语课程教学内容注入更多的活力，打破课程教学封闭、单一的理论介绍模式，建立起更开放、更丰富、更有效的教学内容体系。

2. 构建形式多样的互动式教学课堂，提高学生的参与度

传统的现代汉语课程的课堂教学模式一般是教师台上讲、学生台下记。这种模式导致的结果常常是学生参与度低，对很多知识的理解流于表面，动手能力差。本研究认为要切实提高课程的教学效果，学生的主动参与至关重要。为此，课堂应该采用形式丰富的互动式课堂教学。经过几年的探索和实践，提出如下几种课堂互动模式以资参考。

（1）语言实践互动教学：以学生为主体

现代汉语的教学应该改变脱离实际生活的状况，引导学生关注身边的、社会的各种语言现象，让所学落到实处。基于此，教师可以有意识地引导学生将课堂理论与日常学习生活的实践、未来职业联系起来，帮助学生设定实践目标，展开相关调查，在调查的过程中将所学的理论与现实结合起来，发现问题并通过师生间的互动、小组成员的交流和文献资料的查阅等方式寻找问题的根源和解决思路，并将调查学习成果总结成报告或 PPT 在班内进行交流。比如，汉语拼音方案的内容和学生未来的教师职业相关。它是小学语文教学和国际汉语教学的重要部分。本部分内容可以分为两步，第一步引导学生对拼音教学进行文献研究；第二步布置学生进行汉语拼音教学的实践活动，让学生学到的知识真正落到实践的实处。

（2）案例收集互动教学：让学生参与教学过程

案例分析式教学是现代汉语课程日常教学常用的方式。现代汉语实质上是用一套抽象的规则描写语言体系，对规则的理解离不开案例分析。所以，案例的选择对现代汉语课程的教学效果有重要影响。教材因为修改滞后的原因，提供的案例经常比较陈旧，缺乏时代气息，无法引起学生共鸣。要想达到好的教学效果，

一方面，需要教师与时俱进，精选电视、报纸、书刊等媒体上的相关案例开展教学；另一方面，鼓励学生一起收集生活中、媒体上的相关案例共享。在这个教学过程中，学生直接参与进来，与老师共同经营教学，既能有效激发学生的学习兴趣和深度思考，又增强了内容的现实感和实践感。比如，在语音部分，可以动员学生收集身边同学不规范语音现象；在词汇部分，引导学生收集自己网络语言生活中的语言案例等。

（3）专题讨论互动教学：关注重点、难点、热点

教师根据学生的学习情况，结合多年教学经验，确定每章的重点和难点，同时根据学生的接受程度适当引入学科热点，组织学生围绕这些问题展开讨论，通过师生之间、学生之间的讨论、交流，深化学生对重点、难点内容的理解，激发学生对热点问题的思考。比如，汉字部分，繁简字是教学的重点和难点，也是社会讨论的热点，可以引导学生查找汉字简化运动历史、主要规则等资料，较深入地了解汉字的发展历史，引导学生开展实践活动：读一篇繁体字古文；将一篇简体字文章转换为繁体字文章等，在实践过程中，让学生亲自感受汉字简化运动的利与弊、繁简字的复杂对应关系；最后，组织学生展开讨论，根据自己收集的资料和实践感受形成自己的关于汉字简化运动利弊的认识。

（4）自查自测的互动课堂作业：在自主测试中深化理解

现代汉语课程的学习效果与练习的形式和数量大有关系。以往的课堂作业一般由老师布置或教材提供，作业和练习起到一定的作用，但是也常常出现学生应付、没有实现巩固所学效果的现象。应该改革课堂作业形式，让学生自查自测。每章内容结束后，老师提供一份作业或测试题目样板，由学生分组自行另出一份作业或试题，各组交换试题进行解答，出题组负责批分，答题组对批改情况进行复查，两组就相关问题讨论。这样的课堂练习模式很好地调动了学生的学习热情，促使他们在一连串的环节中细化、深化所学内容。

3.采用新媒体技术创建微信平台辅助翻转教学模式

网络化和信息化是当今时代的特点，随着新媒体时代的进一步发展，微信公众号进入到人们日常生活中的方方面面，利用微信公众号为专业教学服务，不仅增强了学生学习的参与感，还能丰富教学模式，促进我国教育事业的发展。传统教学方式就是一种将教师当作核心、将知识教授当作重点的方式，是围绕板书、

考试、教学规定的一种方式。在这种教学方式中，学生只是被动性地记住教师讲解的知识点，在课堂内没有跟教师进行互动，也没有形成一个良好的学习气氛；同传统的教学方式有所差别，借助翻转课堂进行教学就是一种将学生当作核心的方式，学生成为学习中的主导，教师则成了指导者，这是一种"信息技术＋教学"的方式，也是一种提前预习、课上探讨的方式。

信息技术的进步，使得学生在进行现代汉语的学习期间，可以借助网络，收获各种各样有关现代汉语知识的信息及材料，而可以不单单是将教师在课堂内教授的知识点当作唯一收获知识的源泉。微信作为21世纪的产物，它发展速度备受瞩目。微信公众号作为微信的一种功能，并且作为一种新媒体，它不受时间空间限制等优点，有效地改善了教学方式，学校开始将微信平台作为一种新的教学模式。

（1）微信平台在现代汉语翻转课堂教学的应用价值

①提升学生的学习兴趣

微信是一种新兴的社交媒体软件，通过手机、平板电脑等作为媒介，及时进行图片、语音、文字、视频等沟通，操作简单、灵活开放、功能强大，因此在各行各业得到了广泛的应用。而将微信平台应用到现代汉语翻转课堂教学当中，能够有效强化教师和学生之间的互动和交流，也能够使其价值充分发挥出来，还能够有效推动教学模式的革新。微信平台让教学变得更加简单，通过微信将文字、声音、图片传达，有效地丰富了教学手段。学生可以根据个人的喜爱进行学习内容的选择，有效地实现了学习的个性化。

②实时交流和沟通

随着微信的广泛应用，微信公众平台应运而生，微信公众平台是一种多渠道、快捷、准确及方便的新媒体，其是在微信基础上增加的新的功能模块，支持移动互联网及PC端的登录，用户通过绑定私人的账号群发文字、语音、视频、图片、图文消息的内容。此外，微信吸引着思维活跃、容易接受新生事物的大学生们，成为学生校园生活不可或缺的一部分，同时学校应适应时代发展的需求在现代汉语翻转课堂教学中运用微信公众平台，进而创新教育活动，提高学生的个人素养。当微信平台开通后，就能够让学生以多种形式同教师进行直接的互动和交流，提出自己对教学的建议，比如以表情和图片、视频以及音频的形式。同面对面访谈以及问卷调查的形式相比起来，学生在微信公众号平台上所反馈的信息，更能够将学生真实的看法反映出来。

③随时随地学习

借助微信公众平台，学生可以打破空间、时间的限制，获得自己所需的信息。不管是预约续借还是挂失借阅证等服务，学生都可直接在平台上办理，而且学生可在平台上直接地进入一些数据库寻找自己所需的资料，这样不仅给其带来了极大的便利，而且能够使得教师的工作量减少。更为重要的是，对微信平台号进行关注的学生，可将自己碎片化的时间充分利用起来，随时接收平台所推送的内容和信息。

（2）微信平台在现代汉语翻转课堂教学中的运用策略

①注重对相关教师开展教育及培训

当前，现代汉语教学依旧存在很多问题，对教师教学的能力及水平加以提高是妥善处理这些问题的关键。在通过微信平台开展翻转课堂之前，教师应当具有相应的制作视频的能力。虽然对视频进行制作可以请教于学校聘请的专业工作者，但是对教师来说，还是要掌握最为基础的制作视频的方法。如此，就可以极大地促进翻转课堂得以顺利开展。事实上，翻转课堂已经真正地颠覆了原来的教学方式，为此，教师有必要树立新兴的教学观念，在进行教学期间，制作更为周全的教学规划，以促使学生产生更多对现代汉语进行学习的兴趣，同时还要从各个方面来促使学生的个人性格获得发展，这些对于教师而言都是不小的挑战。对于这样的挑战，教师应当定期去参加培训及教育，以充实自我，这不但能转变教学观念，提高教学素养，还可以提升自己微信平台的运用能力，如此就能使教师更快地把握制作简单视频的技术，从而突破原来教学内容的常规，形成新兴的教学理念，借助全新的教学方式实施教学。

②确保平台推送内容的质量

以往的现代汉语教学对于教育资源的再利用和传播不重视，教学资源主要通过学生上课记笔记与老师的课件进行传播，但大部分学院的学生对现代汉语教学内容不感兴趣，这就导致学生不认真听老师的课，缺乏记录笔记的习惯，进而使现代汉语资源传播困难。此外，现代汉语的课程较少，从而使学校的现代汉语教学薄弱。微信公众平台的运用，实现了现代汉语资源的广泛传播。这是由于微信公众平台对信息的传播快捷、准确及方便，并能够对传播的信息进行储存的作用，其在现代汉语翻转课堂教学中的运用，使学生能够无限重复地学习教育资源，而且学校可以非常容易地传播现代汉语资源，学生也更容易接受现代汉语内容。

现代汉语教学应用微信公众号平台的关键在于，其所推送的内容和信息能够符合学生的口味，满足学生的兴趣。因此现代汉语教学在建设微信公众号平台的过程中，不仅要充分利用好微信平台的各种优势，共享教师的丰富资源。同时，还要向学生传送有质量、有价值的内容，使学生获得较好的学习体验。首先，要确保平台推送内容的原创性，注重平台的长远发展，而不能为了博眼球，上传一些爆炸性的信息。其次，在编辑内容的时候，要提炼内容的精华，精心进行排版。再次，在设计内容形式的时候，不仅要考虑文字和图片，还要考虑简短的视频以及语音，这样才能有助于学生缓解文字阅读的疲劳。最后，推送频率和推送时间，推动频率不应过高也不应过低，过高频率给学生推送内容，会引发学生反感的情绪，而过低的推送频率，就会让学生放弃对公众平台号的关注。因此，除了发送一些意外情况的意外通知，应确保每天均有推送内容，每期要保障有几条有价值的内容和信息。

③加强对学生的引导和督促

教师要多注重学生的课后活动，并对其自行开展的学习加以引导、督促与激励，确保学生能够正确对待翻转课堂内的所有教学内容。在使用了翻转课堂以后，学生会愈发喜爱观看视频材料、同教师互动等这些轻松的教学方式。因此，教师应当要合理借助微信平台，将其中的各个步骤同内容加以贯彻，以凸显出更大的作用。翻转课堂本身的特殊性就是其能够缩短教师课上传授信息时长，节省出很多课堂空间，以让教师同学生间能够更好地进行交流，这不仅加强了教师通过和学生的交流互动，增进彼此的情感，也能缩短两者的距离。首先，教师在上课之前进行教学目标、教学重点、教学难点的设计，并且制定好课前学习任务，让学生尽心做好课前预习。其次，教师根据教学的目标和任务进行教学视频的录制，并且标明重点和难点，最后通过微信平台让学生们进行自主学习。学生通过在线进行自主学习，教师通过网络平台进行指导，并且需要加强主题的探究，引导学生进行课堂的教学讨论。之后让学生进行学习汇报，帮助学生进行理论知识学习的巩固。课后，学生自我完成作业，并在微信平台上分享学习心得，加强交流。

教师在进行批改时，需要将存在的问题与学生及时地进行探讨，并且根据学生的表现、谈论以及作业完成情况等因素进行成绩评定。

运用微信公众平台进行现代汉语翻转课堂教学工作的开展已经成为时代趋势，这也是学校新的机遇与挑战，一方面，微信公众平台的运用带来的机遇，为学校的现代汉语翻转课堂教学工作提供了载体，有利于学生素质的培养与教学模式的创新，还有利于实时了解学生的思想状态，进而深入探讨学校现代汉语翻转课堂教学工作；另一方面，微信公众平台的运用带来的挑战，学校将面临如何科学合理地运用及网络舆情与信息的监控等问题。因此，在这种情况下，学校相关工作人员要不断优化微信公众平台在现代汉语教学中的运用，并对其深入、全面、科学地挖掘，进而有效提升现代汉语的教学水平。

二、新媒体下移动学习在汉语国际教育中的教学

（一）新媒体移动学习在汉语国际教育中的优势

第一，依托于互联网，新媒体移动学习能够打破时间和空间限制，提高学生学习的自由性。

第二，碎片化学习成为可能。在人们的生活和工作节奏日益加速的今天，新媒体的出现很好地适应了时间碎片化的特点，尤其给成年学习者带来了学习的便利。

第三，提高汉语学习的交际互动性。新媒体下各种 APP 的出现，使学习者在学习过程中可以随时人机互动，新媒体所提供的各种社交平台，也使汉语学习群体化、小组化得以实现，更加方便学习者们交流学习方法、分享学习成果。

第四，多感官刺激性。在新媒体技术的支持下，留学生可以通过音频、视频、互联网、交际媒体、各种 APP 等媒介多维度地了解汉语知识以及汉语文化。新媒体为学习者们提供了种类丰富的汉语学习资源，从不同角度对学习者学习过的知识进行激活。这种多维度提供的刺激同时也为远程汉语文化的学习者提供了沉浸式学习的可能。另一方面，这种多感官的刺激也不局限于语言学习领域，而是学习、生活、工作等各个领域。因此，学习者们可以在淘宝上购物，可以在去哪儿网上订机票，可以在携程上订酒店，可以在美团上买外卖。这些真实语言环境，

从不同角度给学习者们带来沉浸学习的可能,对语言的学习有着极大的帮助。而且,因为新媒体所提供的信息与学习者的生活、工作有着密切的联系,有着极强的实用性,因此学习者学习的动机和兴趣都更为强烈和持久。

第五,信息的及时性。在经济的高速发展和时代的快速变革中,语言以及语言中所传递的经济、社会、文化等领域的信息都在无时无刻地更新着。语言中的新词汇、新用法也正在以前所未有的速度进行着更迭和淘汰。而新媒体既能直接快速地反映出语言中的各种更新,也为这种更新的广泛传播提供了媒介。对学习者而言,新媒体为学习者提供了可以与时俱进的鲜活信息,无论对语言的学习,还是文化的学习都大有裨益。

(二)新媒体下移动学习在汉语国际教育中的应用

1. 新媒体下的移动学习主要的应用领域

(1)翻译

新媒体下的移动汉语学习最早广泛使用在翻译领域。除了常用的谷歌、百度等翻译网站,Lingoes(灵格斯)和 Babylon(巴比伦)、Pleco(鱼)、hanping(汉拼)等翻译软件也在不断更新。20 世纪 90 年代中期,翻译软件开始真正开发和应用。如今谷歌翻译可以提供 102 种语种之间的互译,与此同时还支持摄像头取词等功能,长句翻译的表现也在不断进步;灵格斯已经能够支持全球超过 80 多种语言的词语、句子以及文本的翻译。从汉语学习的角度上来说,Pleco 是一款被人称为比 iPhone 历史还早的革命性的手机汉语学习软件。自 2001 年开始美国Pleco 软件公司一直致力于开发世界最优秀的移动中文学习应用。Pleco 从最初的字典功能,发展到集字典、汉字卡片、汉字书写、搜索、发音、照相识别等多种功能于一体的手机 APP,其功能十分强大,在处理语音变文字方面也比较准确,因此对汉语学习者来说,非常实用。在汉语国际教育中,汉语学习者们几乎无一例外地会选择一个甚至多个翻译网站或者软件来辅助学习,这些翻译工具除了能给学习者提供词语释义、例句以外,也具有语音功能,部分软件还能显示汉字的笔顺等信息,因此,使学习者的学习效率能大大提高,同时对学习者的语音语调和汉字书写都有帮助。总的来说,目前的翻译软件在词语的翻译方面已经完全可以和专业的字典、词典媲美,从其综合性能来讲,其功能甚至优于单一提供文字信息的字典、词典。但是目前，翻译软件仍然无法完全取代人类的翻译，尤其是长难句或者古典诗词、古代汉语等翻译仍然是翻译软件的弱点。

（2）社交平台

Facebook 是全球最大的网络社交平台，除此以外，Line、Viber、微信等又各自在世界的不同区域内流行。中国范围内使用人数最多的社交平台是微信，2018年3月微信全球月使用活跃用户已经突破十亿。这些网络社交平台由于功能强大，所以已不仅仅是简单的聊天工具，而是一个蕴含着语言沟通、人际交往、文化传播、社会心理、生活方式等多种复杂语义的新型媒介。从移动设备的用途来看，网络社交是使用率最高的。在中国的学习者都选择微信作为常用网络社交工具。从汉语国际教育角度而言，微信、QQ 等中文社交平台能为汉语学习者提供更多的汉语语料资源和练习机会。微信是学生和老师课外沟通的一个有效工具，使学习和生活的交流可以延展到课堂以外，同时学生们利用微信通过打字、语音、视频等方式交流，也能更有效地习得日常生活用语，对汉语初学者语感的建立有极大的帮助。与此同时，微信的群组功能，还方便了对留学生们的管理，微信的公众号功能，也为留学生们提供了形式丰富的汉语学习资料。当前对外汉语相关微信公众平台呈现出逐渐增多的趋势。对具有代表性的微信公众号调查发现：这些微信公众平台推送的消息有对外汉语的行业动态、招聘信息、对外汉语专业考研信息、对外汉语培训机构的课程宣传、活动通知、HSK 考试动态、中国传统习俗以及汉语本体知识等。因此，微信在对外汉语教学实践中，具有自由度高、形式多样、互动性高、共享性强、时效性高、语言环境生活化以及丰富课堂管理形式等优势。汉语国际教育工作者可以通过微信公众号的建立，按照留学生的学习水平，推送不同等级的学习资源（如教学视频、课件等）和学习方法。网络社交平台的出现使交际能够轻松跨越时间和空间的障碍得以完成，使汉语学习和交际能够及时而便利地得以实现。对汉语初学者而言，微信等社交平台为他们提供了语言输入和输出的学习平台，也为他们自然习得日常用语起到了有效的辅助，此外也为学习者的语言丰富性奠定了更广泛的基础。但是，目前不少学者也提出了利用此类平台学习汉语，可能会因为网络语言的不规范性、句式表达的不完整性而受到负面的影响。

（3）学习软件

学习软件主要包含两类，一类是之前提到的翻译软件；另一类是汉语学习的各种 APP。翻译软件发展至今，已经不只提供翻译功能。以汉拼为例，这款翻译软件除了可以为用户提供及时的翻译之外，也具有分类学习的功能。它将学习分成三类，第一类是常用汉字学习，第二类是 HSK 词汇学习，第三类是汉语成语学习。因此，学习者可以根据自身需求，从字、词、成语这三方面进行有针对性的学习。另一类学习软件，就是现如今大量涌现的各种汉语学习 APP。有学者将汉语学习的 APP 分为五类，即口语练习类、汉语考试类、汉字学习类、词典类和综合类。还有学者从教学内容的角度，将汉语学习的 APP 分为三大类：工具类、技能训练类（语音、词汇、汉字、语法、听力）、语言文化类。工具类的学习软件大都是由传统的翻译软件发展而来，具有翻译和学习两种功能。技能类软件在设计的时候主要按照语言的听、说、读、写四种技能进行分类，其提供的学习方式多具有趣味性和娱乐性，比如说汉字拼读游戏。此外，也有将语言要素进行综合的学习软件。学习软件 APP 涵盖了汉字、拼音、生词、句子等方面的学习。另一个大的类别就是语言文化类的 APP。这类 APP 多将语言与文化结合在一起，以语言为媒介，传递更深层次的文化信息。比如中国国际广播电台根据高等教育出版社的同名读物制作的"你好，中国"就主要围绕 100 个代表中国传统文化精髓的词汇展开，比如孔子、指南针等，该软件以精良的视频方式呈现，并配以多种媒介语言，让学习者在学习汉语词汇的同时，了解到这些常用汉语词汇的文化背景，从而加深对中国文化的理解。此外，某些提供有声读物的 APP，将图片、汉字、拼音结合起来，并通过同步朗读的方式，将故事原始的视觉信息，转变为了视觉和听觉相结合的信息，从更多维的角度刺激学习者的学习，使学习者在听故事的过程中学习汉语并了解中国传统文化。Pinyin News 的新闻更新率比较快，用户可掌握最新的新闻资讯，并且新闻皆注有拼音，更便于学习者的阅读理解。初级汉语学习者在各类 APP 的使用数量上都占有较大比重，内容涉及听说读写各个方面。随着学习的进步，汉语学习者对 APP 的使用率开始降低，并且 APP 的内容也越倾向于单一化。总的来说，汉语学习的 APP 软件内容丰富，形式多样，但是质量却良莠不齐，同质化程度偏高。因此，如果学习者没有仔细甄别，难以保证持续、科学、有效的学习。

2.混合学习

上文主要介绍了新媒体汉语移动学习的主要应用领域，由此可知，新媒体的兴起和科学技术的发展，在提升学习效率和提高学习效果上起到了至关重要的作用，新式学习软件的更新也为学习者进行独立学习提供了技术支持。目前，传统教学模式还存在教师资源不充足，教材更新换代滞后，教学方法老旧单一等问题，学术研究界三教的问题也日益严重，新媒体移动学习的趣味性和实用性对于改变这一现状是非常有利的。但是目前学习者的学习仍然离不开教师的帮助和指导，因为新媒体的系统和功能尚未成熟，还没有发展到彻底的人工智能化阶段，所以"互联网+"的学习模式在未来很长一段时间内仍然值得实践。"互联网+"的实质是混合学习（Blended Learning）的模式，它的产生和发展与互联网的兴起息息相关。按照黄荣怀在《混合式学习的理论与实践》中的定义：混合式学习的核心是在"合适的"时间为"合适的"人采用"合适的"学习技术和适应"合适的"学习风格而传递"合适的"技能来优化与学习目标对应的学业成就。混合学习理论以互联网的应用为基础，辅以适当的教学手段和学习方法，来达到实现教学目标和完成学习任务的目的，培养学生高效学习的能力。"互联网+"的模式是传统学习模式和网络学习模式相融合的产物，二者的有机结合能够使双方互相取长补短，从而提高教师汉语教学的质量，提升学生汉语学习的能力。

（三）新媒体下的移动学习对汉语国际教育工作者的启迪

第一，汉语国际教育工作者应该充分了解新媒体移动学习的主要应用领域，对学习平台和学习软件做到了如指掌。同时将学生传统的课堂学习模式和新媒体的应用结合起来，发挥新媒体的作用，提高课堂教学的效率。第二，汉语国际教育工作者应自觉整合有关汉语学习的资源，包括文字、图片、影像等，并对资源进行分类归纳，针对不同学习程度的学习者将资源进行二次整合，并加以引导，帮助学习者按照自己的学习进度有策略地完成学习。第三，汉语国际教育工作要及时调整自身角色，做汉语学习生的引导者和督促者，鼓励学生独立自主地完成学习任务，尊重学生的自我探索过程，并且及时监督学生的学习程度和学习进度。新媒体的发展使得语言更新速度加快，教师也要关注学生的语言使用情况，纠正不规范的书写和用法等。

总而言之，我国的汉语国际教育仍旧存在不足之处，需要教育工作者的不断研究和教学方式的创新进一步推进发展。本节详细分析了新媒体的应用对当代文学的作用，我们认识到，新媒体移动学习是实现汉语国际教育的有效途径，应大力推广，积极投入实践。在应用新媒体进行汉语教学时，教师应根据学生的实际情况制定适合的教学目标，充分发挥新媒体移动学习的作用，帮助汉语学习者提高其汉语水平，帮助中国文化走向世界，促进中国文化的传播。

第四章　当前高校中国古代文学课程教学的多维思考

本章对当前高校中国古代文学课程教学进行多维思考，依次介绍了近 30 年中国古代文学教学研究综述、新时期中国古代文学课程教学方法新探、中国古代文学教学的当代视野与网络资源利用三个方面的内容。

第一节　近 30 年中国古代文学教学研究综述

中国古代文学是高校中文系汉语言文学专业的一门核心专业课，通过对三千多年来传统经典作家作品的系统学习，可以有效帮助学生建立浓厚的知识储备、坚固的专业知识基础，在高校文学院或中文系教师中一直受到广泛关注。近些年，教育部出台了一系列相关政策和纲领，促使各大高校重视教学改革。为了响应教学改革，许多专业课教师开始撰写与教改相关的学术论文。作者就相关内容在中国知网上进行查阅后得知，大致有 100 多篇论文在最近 30 年的时间里发表。大学教师们拥有着丰富的古代文学教学实践经验，他们依据自己的教学经验对教改提出了宝贵的意见和建议，对不同类型的高校古代文学课程的发展起了推动作用。针对 21 世纪初的十年里的古代文学教学，曾经有一些学者进行过讨论和分析，但他们的讨论分析并不全面，仅仅涉及了教学方法。学术史要想持续不断地向前发展，就要始终坚持反思和审视，本书对这些成果进行全面分析后发现，其主要通过以下四个方面进行。

一、对教学不足、缺陷的反思

古代文学是中文系中最基础的学科，对学生其他课程的学习有重要的支撑作用。因此，在课程设计上表现出教学周期最长，课时最多的现象。但是，"这门传统课程在现代教学中却正处于一种焦灼的瓶颈状态：一方面传统教学方法的沿用、大量文学知识的灌输容易使学生产生厌倦感，从而丧失学习的兴趣"①，在高校中几乎体现不出什么价值和意义。许多教学经验丰富的学者在依据自身经验的基础上对其中的问题和不足之处进行深入分析。

张昌红采取抽样调查的形式对当下一些高校的古代文学教学情况进行调研并对调研结果进行分析整理后指出，有三种误区始终存在于古代文学教学实践过程中，并仔细分析了这三种误区的形成原因和危害②。它们主要体现在：（1）以史为纲，忽视文学原典，具有舍本逐末、以偏概全；观点成就，非出己意；涉猎狭窄，忽视原典的危害。（2）只重视学习却忽略了实践，难以实现教学目标，危害表现在只讲不练，忽视实践进行；隔绝古今，对古代文学敬而远之。（3）避重就轻，讲授内容存在片面性。危害表现在存在驾轻就熟、重俗就雅等情形。对这三种误区的危害，作者在结合自身教学实践经验的基础上进行分析对比之后的古代文学教学有很大的借鉴意义。在反映现实的深度和广度层面，古代文学的价值是独一无二的。古代文学的审美性相较其他学科来说也是极其突出的。因此，必须加强对古代文学课程教学的重视程度，培养和发展学生的写作能力、人文素养。这一点也是作者在反思中所提到的。当下，古代文学的教改是必然要进行的，这一举措意义重大，需要经过长期的艰苦奋斗。为此，我们提出了以下四点建议：一是，要编撰合适恰当的教材，教材中要涵盖该领域全方面的内容，雅俗比例分配恰当，不仅要突出重点部分，还要有较强的实践性和针对性。二是，对该课程的授课教师要有更高的要求，他们在授课时必须具备传承和弘扬中华传统文化的使命感与整体视角。三是，教学方法相较以往要有改进，老师和学生之间的交流互动要更多，让学生更好地融入课堂教学之中，同时，加入背诵与模仿训练，让学生能够"学以致用"。四是，白话文和古文、雅和俗的人为界限及贵古贱今、重雅轻俗等

① 李新宇. 中国古代文学教学改革反思 [J].山西大同大学学报（社会科学版），2009，23（04）：83-85.

② 张昌红. 当前高校古代文学教学误区举隅及反思 [J].教育探索，2011（05）：48-50.

错误观念应该在古代文学的学习过程中摒弃。

甘松等提出，课程教学内容多和课时不断减少之间的矛盾、不好的课堂教学效果影响教师的积极性、功利实用思想影响学生积极性和教师的坚定信念等是普遍存在于众多古代文学教师中的难题和困惑①。

张克锋在其文章中指出，大学生逐渐失去了学习古代文学的兴趣是目前古代文学教学困境的主要成因。原因有四点：实利主义观念的普遍流行；图像阅读；娱乐化、低俗化文化思潮的影响；缺乏新颖的教学方法等②。

李英然对多年的古代文学传统教学进行分析后指出，以往教学不足之处归纳后大概有四点：（1）界定教学目标时缺少和现代人生存相关的联系，只有一些文学史知识的介绍，以及由文学现象所生成的一种可知性追求；（2）没有对"作品"的个性化解读、古今的动态连接给予足够重视，忽略了知识和能力之间的意义、继承和创新的衔接以及文学与文化和人的关系，仅仅只关注了"史"和知识的静态传授；（3）缺乏新颖的教学方法，难以凸显学生的主体地位，老师和学生之间缺乏有效沟通；（4）缺少有效、全面的教学评价，难以对学生进行全方面的综合评价③。

宋娟提出，评价功能的甄别化、评价目的的功利化、评价主体的单一化是传统的中国古代文学教学评价中始终且普遍存在的问题，不重视教师评价对教师的专业发展极为不利④。

前辈学者的看法都基于社会教学实践有感而发，或充分观照当下语境而及时指点问题、把脉诊断，所论切中肯綮。

二、教学方法的尝试与探索

信息时代普遍流行读图化、新时期生活节奏逐渐加快、商业社会使得人们更加追求功利性等问题使古代文学教学陷入困境。如何解决这一困境，推动教学改

---

① 甘松，袁晓薇. 应对挑战：对中国古代文学教学的几点思考 [J]. 柳州师专学报，2011，26（01）：98-100.

② 张克锋. 高校古代文学教学的困境与对策 [J]. 龙岩学院学报，2011，29（01）：70-73.

③ 李英然. 高校中国古代文学教学改革的思考与实践 [J]. 石家庄学院学报，2012，14（01）：119-123.

④ 宋娟. 论中国古代文学教学设计与实施 [J]. 黑龙江高教研究，2011（12）：185-187.

革，学界对此有统一的认识：教师要从教学的方法和途径、自身素养和要求等方面查找原因，不断改进。众多观点值得注意，引人思考。

姚红、崔霞结合作品集中分析了启发式、情景式、研究式、演讲辩论、参与表演以及分类式共六种教学法在古代文学教学中的运用[1]，对促进师生交流、活跃课堂氛围、提高学习效率均起了重要作用，极具启发性。

北京师范大学过常宝对叶嘉莹的相关观点进行借鉴后，对古代文学教学方式进行了归纳总结，认为其主要分为两种："能感之"和"能言之"，认为古代文学教学需要重视体验和感悟、重视理性话语的表达[2]。

黄桂婵提倡讨论式教学法，并对这种方法进行了分类："课堂随机讨论、专题讨论，同时分析了每种方法的优势之处。前者通常穿插在讲课过程中，按实际教学需要灵活安排。后者是教师在上课前对要讨论的内容进行安排，给出计划、题目和参考书目等，让学生充分准备后写出发言稿或提纲，之后再课上讨论。这种讨论方法通常是就某个专题进行的，专题的内容可以是某种文学现象、文学流派、某个作家或某部作品的产生、成败、风格等"[3]。

王双梅、李琨在教学过程中探索使用再创作式教学法，就是对古代文学、诗词作品进行改编，例如将有鲜明矛盾冲突的叙事性作品改编为小说、剧本、诗词，或改编为现代诗歌或散文等。"古代戏曲和小说中的人物形象可以让学生进行演绎，一些抒情性作品也可以在课堂上让学生朗诵。通过这种形式，增强学生的参与感，让学生有更大的兴趣去阅读文学作品，使学生的综合能力得到锻炼和提高"[4]。这种教学方法的探索对提高学生的学习积极性有很大的促进作用。

除此之外，刘伟对教学方法的改进也有自己的意见，他提出将教师自己的研究成果或者一些最新的有争议性的学术话题引入课堂教学[5]。李世忠对古代文学教

---

[1] 姚红，崔霞. 中国古代文学课程教学方法探讨 [J]. 浙江师范大学学报（社会科学版），2011，36（01）：104-107.

[2] 过常宝. 关于古代文学作品选课程建设的几点设想 [J]. 中国大学教学，2011（08）：44-47.

[3] 黄桂婵. 古代文学教学方法论 [J]. 广西民族学院学报（哲学社会科学版），2000（04）：88-91.

[4] 李琨. 浅谈再创作式教学法在古代文学教学中的应用 [J]. 科教文汇（下旬刊），2009（36）：95-96.

[5] 刘伟. 关于古代文学课程教学改革的几点思考 [J]. 盐城师范学院学报（人文社会科学版），2010，30（05）：98-101.

学中比较法的应用进行分析后指出，比较法主要体现在："同一时代且相同题材（体裁）下不同作家的作品之间、同一个作家所著的不同体裁的作品之间和不同时代的作家所著作品之间的比较"①。还原式教学法是曾大兴在教学过程中的探索，这种方法要求将作品的时代、个人背景和作品自身的知识、信息、内容在解读时——展现出来②。此外，还有许多学者探索归纳了多种教学方法，"例如多媒体教学法、鉴赏式教学法、自学指导式教学法、研究式教学法等方法"③，亦具有一定的可行性，此处不再赘述。

三、教学模式及理念的思考

教学模式是一种稳定的教学框架，它需要在遵循一定的教学理念下形成，这与教学方法有很大的区别。完整的教学活动的内在体现和外在表现形式就是教学模式，最有利于形成独特的教学风格。近些年，教育的内在环境和外在环境都发生了翻天覆地的变化，随之而来的是越来越强烈的古代文学教学改革的呼声。对此，众多学者针对怎样更好地教授古代文学课程、如何改变现有的"填鸭"式教学形式进行了多方面的思考和探索，尤其是在西方多种教学理念涌入国内并受到高度重视以来，关于古代文学教学模式的思考便不断趋向深入。

余丹在研究后发表了相关论文，其文章主要对"研讨式教学模式"进行了分析，该分析内容涉及了改进教学内容、改变形式单一的课堂组织和制定更好的教学评价机制等方面。余丹认为在教学过程中以作品为基础，着重培养学生的能力以及突出课程特点是"研讨式教学模式"的必备因素。这样不仅可以对学生的传统文学知识和文化素养进行培养，还可以让他们的实际能力得到有效提高④。

涂承日认为教学理念需要转变，要融入自主学习的理念，也就是要让学生有

① 李世忠，王长顺，贺岩.论古代文学课程比较教学的材料组织方法[J].咸阳师范学院学报，2009，24（04）：80-83.

② 曾大兴.古代文学教学的五个目的与五种方法[J].广州大学学报（社会科学版），2004（02）：82-86+96.

③ 王洪泉.中国古代文学教学方法研究述评[J].福建论坛（社科教育版），2011（08）：99-100.

④ 余丹.中国古代文学课程研讨式教学模式的实践与思考[J].宁波大学学报（教育科学版），2011，33（03）：86-89.

自主学习的意识，充分利用网络的便利条件，为自主学习创造良好的环境，对当前的成绩评定方式进行变革，创设科学、合理、有效的自主学习评价体系等。通过多种改革措施对古代文学课程教学改革进行推动，对传统教学模式和思路下存在的难题和困惑进行有效解决。在自主学习理念的指导和支配下，还要强调教师的主导作用和审慎推介教学参考书与"网络"资源话语①。

徐建芳提出，教授古代文学的教师要有自己的教学方法，不能只是模仿别人，可以依据自己所学知识、经验阅历和日常的兴趣爱好等去摸索出一套独属于自己的、最合适的教学方法。基于这种观点，她在超星学术视频上观看了大量名家的教学视频，对他们的教学方法进行了借鉴、比较和吸收并在其基础上进一步加工处理形成了新的教学方法——"知人论世"切入作品。除此之外，她还指出教师在上课时需要将知识要点用提问的方式点明，这样对教师自己梳理教学思路和学生增强学习关注度都有很大的帮助。有些教学作品可能存在文字上的障碍，为了解决这一问题，可以选择依据作品内容创作的音乐、动画、绘画等在课堂上播放，这样能让学生有更高的学习兴趣，还能对学生高雅的审美情趣和健全的人格心灵进行培养，是一种行之有效的辅助教学方式②。

张丽红认为，缺少前后观照、很难追寻根源是目前分段式教学模式（先秦两汉、魏晋南北朝等每段都是不同的老师讲解）的缺陷。现在，急需一种能够贯通古今、打破时代界限的教学模式，这种模式可以更好地对文学创作发展的脉络进行整理。③张克锋指出，有必要改革以教学为主的模式，因为这种模式很难对学生的学习主动性进行调动。改革的实施方式为：不断增强对学生自学的督促、检查和辅导力度。用提问、诵读、讨论等手段最大程度提高学生的主动性④。冯蔚宁对古代文学课程教学理念和方法的改良提出了几点思考：要拓展中国古代文学史教学视野，将其融入世界文学、中华多民族文学中；将古代文学史和中国旅游文化相融合；改变以往纵向化的教学时间，使其变成横纵结合的形式；教学内容中

① 涂承日.自主学习在中国古代文学课程教学中的实施构想 [J].洛阳理工学院学报（社会科学版），2011，26（02）：79-82.
② 徐建芳.关于古代文学教学的思考 [J].邢台学院学报，2011，26（02）：77-79.
③ 张丽红.还原文本的多重解读——多元文化语境下中国古代文学教学的新探讨 [J].现代教育科学，2011（11）：137-139.
④ 张克锋.高校古代文学教学的困境与对策 [J].龙岩学院学报，2011，29（01）：70-73.

可以体现地下考古文学和历史文献中的优秀成果；还可以加入一些其他学科的教学内容，如小学、经学和史学等①。

这些学者的研究对古代文学教学改革有很大的实际意义，古代文学授课教师在实际教学过程中可以参考和借鉴，其成效关键在于是否执行。

四、教学的其他方面观照与审视

教学是一项全方位的系统工程，涵盖教学模式、教学方法、教学问题等多个方面的内容。教学过程中会遇到很多问题，如怎样引起学生的学习兴趣、突破当下教学困境及怎样在教学实施中彰显人文精神等。康建强、郑小军在其发表的文章中提出，目前中国高等教育逐渐专业化、工具化、功利化，古代文学教学遇到了极大的困难和挑战，正在以极快的速度被高等教育边缘化。为了寻找解决办法，他们从两个方面进行了探索。

第一个方面是有关古代文学教学观念的调整，涵盖四点：（1）沟通古今，对古今的变化、传承中的精神和知识进行研究；（2）融汇中西，寻找中西方传统文学中的共同点和不同点；（3）道业相济，教学中将学生健全人格的培养和专业知识的教授相融合，二者共同发展；（4）体用结合，实现教学观念本位及不同观念特点的共同促进。

第二个方面是对教学方法的思考，包括两点：（1）丰富教学方法，在传统形式上融入新媒体；（2）"在对传统知识进行传承的基础上进行再创作"②。张克锋提出，"要走出目前古代文学教学困境就需要对课程设置进行改良，着重强调作品选讲，辅以文学史；必修课和选修课的内容避免重复，要相互补充"③。

当前古代文学教学面临着很大的挑战，很多学者对此给出了对策。甘松对高校中文系中国古代文学教学中的挑战提出了应对措施④。该措施的总体思路是加

---

① 冯蔚宁.改进中国古代文学课程教学理念和方法的几点思考 [J].福建论坛（社科教育版），2010（S1）：62-63.

② 康建强，郑小军.论当代大学古代文学教学的困境与突围 [J].浙江传媒学院学报，2010，17（05）：115-118.

③ 张克锋.高校古代文学教学的困境与对策 [J].龙岩学院学报，2011，29（01）：70-73.

④ 甘松，袁晓薇.应对挑战：对中国古代文学教学的几点思考 [J].柳州师专学报，2011，26（01）：98-100.

强对古代文学教学的当代性、人文性和实践性的重视，实施方法包括改进教学内容，用现代教学方法辅助，使课堂教学能有更好的成效；借助网络手段引起学生学习古代文学的兴趣，除了课堂教学还要拓展更加有效的课外学习；变更教学思路，让学生通过学习古代文学教学可以提高人文素养，健全人格，拥有更强的工作能力。

教学目标和体系如何改进也引起了部分学者的关注。李英然提出，"古代文学在当前社会的意义需要被重新审视，新的教学目标和体系的建立非常重要。需要从培养学生的现代人格能力出发，着重关注目标、问题和致用意识对课堂教学的重要性，这是当下设立新目标的具体要求。以现代化手段改造教学资源，形成强迫式积累、个性化解读、文学化表达、观照式体验的四级教学体系。通过新的目标和体系逐渐培养学生的现代人格能力"①。

喻芳从两方面探讨了如何寻找古代文学与现实人生的契合点，一方面是文化传统的传承、人文精神的培养和精神契合点的建立；另一方面是加强对应用文的重视，因为该文体具有很强的实用性，还要对古代文学中的思想观念进行学习和传承，从现代化层面重新解读应用文或者将其与实际工作相结合，来寻找物质契合点②。将古代文学中浓厚的人文精神与现实生活相结合，因势利导地对学生进行审美教育，对古代作品进行现代化解读等都是教学过程中需要注意的。这类观点得到了李鸿渊、刘伟、郑升等学者的认同。

潘定武提出了指导学生阅读研究文本、认识文学史的多元性、将地域文学和文化成分融入教学过程的教学思路③。宋娟对文学教学内容的设计和实施进行了分析，分析内容包括教材、辅助资料、文体发展规律、信息技术环节等④。江秀玲提出要加强原典教学，将历史作为纲领，文学作品作为基础⑤。张丽红指出，可以从着重关注作品的形式意义、对作品中论述的文化语境进行展现、以跨

---

① 李英然.高校中国古代文学教学改革的思考与实践[J].石家庄学院学报，2012，14（01）：119-123.

② 喻芳.寻找古代文学与现实人生的契合点——高校中国古代文学教学改革探索[J].乐山师范学院学报，2011，26（02）：138-140.

③ 潘定武.古代文学教学散论[J].黄山学院学报，2011，13（02）：115-118.

④ 宋娟.论中国古代文学教学设计与实施[J].黑龙江高教研究，2011（12）：185-187.

⑤ 李英然.高校中国古代文学教学改革的思考与实践[J].石家庄学院学报，2012，14（01）：119-123.

文化阐述的形式介入等方面还原古代文学教学过程中的文本。张克锋指出，现行的古代文学教师评价标准是不合适的，需要改进："班级人数不能过多；不能重科研轻教学，产生左支右绌的问题；在教学改革中，教师势必要进行多次尝试，付出大量心血，这些付出怎样得到评价和认可也是教改中要重新探索的部分。"①

第二节　新时期中国古代文学课程教学方法新探

一、全程贯彻比较教学法

在进行古代文学教学时，比较教学法有很大的使用空间。通过参照、对比的形式能够让学生更清晰地看出相同中的不同点或不同中的相同点，全面认识和理性把握不同作家的作品、文学现象的特点和性质。恰当地使用比较教学法对学生熟练掌握教学内容和提高作品分析能力都有好处。还有利于学生良好学习习惯的养成。根据以往的教学实践，古代文学教学时，此法大致可以分成纵向、横向两方面比较，比较内容主要包括中西方作家、前后朝代作家和社会环境、作家、作品、文体等不同维度的比较。这里选取几个典型方面管中窥豹。

（一）作家作品之间的比较

这种比较方式在古代文学教学中是很常见的，比较内容可以是相近时代不同作家的作品，也可以是有很多相同点的前后代的作家作品。例如，前者可以比较老子和庄子的散文言说方式、司马相如和扬雄赋作的不同点、李杜的人生经历、性格气质、诗歌风格等；后者可以比较建安七子和初唐四杰的诗风、大李杜和小李杜等。督促学生对作家作品更好把握是比较法相较其他方法来说的优势之处。

（二）同类体裁（或题材）作品之间的比较

古代文学教学中另一类常见的比较内容是同类型或同体裁作品的比较。比如

---

① 江秀玲. 大学生人文素质培养与古代文学教学 [J]. 陕西教育学院学报，2011，27（01）：70-73.

《史记》和《汉书》，二者都是对历史人物和事件的描写；谢朓和谢灵运，他们都擅长山水诗的写作；也可以是不同诗词类型的比较，如山水诗和田园诗。这种比较的标准是体式和题材，因此对作品产生的时代没有明确要求，例如进行山水诗比较时，可以选择南北朝的谢灵运和唐朝的王维、孟浩然的作品，通过对跨时代作品的比较可以看到艺术的进步，进而了解到文学史的演变；也可以比较唐传奇和宋话本。这种比较灵活自由，教师授课时要善于运用发散思维，熟知中国古代文学史，快速联系文学史与课堂知识点，找到可以比较的地方。

（三）古今不同语境和社会环境的比较

如在讲解"陶渊明"这一章时，就其田园诗创作的时代背景与当前工业化社会注重环保和倡导绿色生命进行比较参照；讲到《红楼梦》时，可联系五四运动和新文化运动进行比较；讲到汉赋时，将赋体产生的汉代社会与注重大片效应和视觉冲击的中国当前社会进行对比；讲到明初世情小说时与"五四"时期社会比较……这类比较是基于大学生对所处的时代极为熟悉的基础上，可迅速跨越时空对所讲内容予以认同和深切理解。

（四）跨国界和民族进行的多元文学比较

这种比较是中国本土文学与外国文学的比较，包括作家、作品、文学现象、题材、体裁。例如，授课时讲到中国的《诗经》，就可以和西方的《圣经》进行比较；讲陶渊明诗歌时，对比英国华兹华斯诗歌等。此法对拓宽学生视野有很大的帮助，让他们在领略宏伟的世纪文学中了解中国文学的民族特征和时代成就。

以上这四种比较是古代文学比较法中的典型运用，需要授课教师在教学过程中持续提升比较意识，以下四个方面需引起注意：首先是比较话题的设置，不能随意安排，要符合教学进度和内容，可以在上课时引导学生对讲到的内容进行对比，也可以将比较作为作业布置下去，让学生充分准备后在课堂上汇报，教师对其汇报进行点评。总之，方式可以是多种多样的，只要不影响课时安排，能达到训练目的就行。其次，可以多安排一些跨时空的不同语境和社会环境之间的比较，有利于学生古为今用的借鉴训练。然后，根据课时安排适当开展跨民族和国度的文学比较，在授课过程中不建议其占用过多时长，可以将其作为作业。最后，教师在授课过程中要善于运用发散思维，经过2~3轮的执教，让比较法的选题更完善、更便于学生掌握知识，这样长时间坚持和使用比较教学法对教师有很大帮助。

二、研讨式教学法

此法在高校教学中运用普遍，是近些年广大教师都推崇的教学方法，也受到了学生很好的评价，余丹、姚红也研究过这种方法[①]。此法能形成并得到推广有两个很重要的原因：其一，传统教学方式是教师讲、学生听，即使教师讲得很辛苦，但这种课程形式过于枯燥乏味，难以激发学生学习兴趣，对教师和学生的发展都起不到作用，因此受到了批判。基于此，产生了研讨式教学法，对教学有很大的帮助，并在实践中持续发展、完善和推广，受到广大师生的好评。其二，研讨式教学法被普遍使用的基础是建构主义理论，该理论对学习者的知识储备和经验给予了极大的重视，特别是要求接受者要有主观性和情景性。建构主义理论认为教师应该着重关注学生对不同现象的认识，听听此时学生有何种看法并对他们产生这种想法的原因进行思考，基于此，指引学生对自己的理解和解释进行丰富或调整。学习者是教学活动的中心，教学活动应该在教师的指导下进行。因此，研讨式教学法建立的基础是对学生已有的学习经验给予充分的信任，并且全力以赴地激发其学习兴趣和潜能。这样便于形成新的现代教学模式——教师起主导作用、学生是教学主体的模式。

现在，研讨式教学法主要有两条实施路径。

（一）课堂自由讨论

这种方式比较简单、灵活，就是在讲到一个具体的知识点时，教师要适时地提出讨论话题并给予学生一定的思考时间，随后指导学生就话题发表自己的意见。每个学生的见识和经验都不相同，思考问题的层面和角度也不一样，这样就可以充分调动学生的积极性，让他们说出自己的看法和见解。例如，授课时讲到《三国演义》了，就可以提出如何看待曹操褒贬不一的形象这个话题，让学生们对历史上真实的曹操和文学作品中刻画的"曹操"人物形象进行分析和辨别。这种讨论话题是开放的，没有统一的答案，因此，势必会让学生形成两派进行针锋相对

---

① 余丹．中国古代文学课程研讨式教学模式的实践与思考 [J].宁波大学学报（教育科学版），2011，33（03）：86-89.

的讨论，教师在仔细听了双方的讨论后可以进行恰当的引导或精辟的点评、归纳，这样能取得更好的教学效果。学生们可以通过讨论、争鸣和商榷的形式完成知识点的掌握、情感的熏陶和价值观的形成。根据作者的教学实践经验，把握好以下三点有利于课堂自由讨论形式的开展。

（1）要选择有争议的或开放性的话题作为讨论话题，比如有关文学史发展和现在学界探讨中存在争议的内容，能让学生有探究、讨论的兴趣。（2）提出讨论话题后要给学生留够充足的思考时间，教师要掌控好节奏，做好主持人，不能让学生漫无边际地谈论或者在讨论开始前就说出自己的见解。（3）授课教师一定要在备课阶段就做好充足的准备，查阅大量的文献资料，掌握话题相关的详细的第一手资料。

（二）查阅资料准备式研讨

这种讨论方式的特点是课下准备然后在课堂上发言。大致流程是：第一，授课教师对所授班级的学生进行全方位了解，根据学生特点进行分组并选出组长，由组长对小组负责，这样能让学生更积极地参与进来。第二，上课前用心准备讨论话题并给予学生足够的讨论时间，让他们能够查阅资料并对话题进行思考。参考资料的范围、查阅方式可以提前告诉学生，准备阶段有什么要求、课上讨论有哪些需要注意的也要提前交代给学生。第三，通过作品研读、资料搜查，学生需要做好自己的作品笔记和发言提纲，然后进行小组讨论，通过讨论统一小组意见。第四，上课时，各小组分别到讲台上论述本组观点，其他同学可以对这些观点进行补充或发表不同意见。若有需要，也可以进行小组竞赛或小组表演，让课堂氛围更活跃，学生的学习兴趣更浓厚。第五，教师进行总结和评价，这个环节是对讨论的升华，也意味着讨论的结束。

这种方式还有三点需要考虑：一，在学生搜查资料、思考和形成自己的观点阶段，授课教师要适时给予方法上的指导，带领他们了解科研有哪些方式、过程和步骤，让他们用最短的时间高质量地完成准备工作。二，课上讨论后并不意味着该话题学习的结束，教师要指导学生课后巩固学习，比如，整理笔记，对课堂没讨论完的内容进行网络搜查，将讨论话题以短文的形式发表在自己的空间或博客上，等等。一段时间后，教师可以将学生的材料和成果收集起来，便于后续的教学。三，对准备阶段学生的认真程度、上课发言的积极性进行打分并平时成绩的考查中参考。

学界对研讨式教学法的价值和意义进行了总结，"这种教学模式可以让学生通过自我学习、自我教育、自我提高来获取知识和强化能力。通过学生之间交流、讨论最后师生之间交流讨论、甚至辩论、得出结论的模式，改变以往由教师一人讲，过渡到大家参与、大家都讲的形式，也真正体现了教师的引导、指导作用，学生的主观能动作用。培养了学生主动思考和独立学习的能力、细致的观察能力、理论的驾驭分析能力、对古文学学科的兴趣热情、敢于质疑的精神。"[1]研讨式教学法实施和推广的根本目的是促进学生的全面发展，可以从根源上改变传统的教学模式。

三、以问题为主导的启发式教学

一些学者认为从某种程度上看来，教学是"设问"的艺术。通过巧妙地设置有效的问题可以激发学生思维、避免课堂气氛的沉闷、保证教学活动的良好组织和实施。高校课堂效率提高的核心和基础是教师要善于设问，能够依据课堂反馈及时提问。从问题出发，才能推动启发式教学的推广。问题是启发式教学的推行动力。可见，要突破一切课程教学的困境需要用高水平的问题启发学生，提高学生思考的积极性。

孔子曰："不愤不启，不悱不发"（《论语·述而》），即强调启发和引导对开启接受者思维、激发其学习积极性的重要性。启发式教学可以让学生大脑得到最大程度的活跃，让他们有更大的兴趣去探究所学专业，强调学生在教学中的主体地位，激发学习主动性，让他们学会自己解决问题。"让老师提出问题，以疑导读；学生带着问题自学教材，理解、讨论老师所提出的问题；老师鼓励学生发表不同见解，并根据讨论的情况进行有针对性的讲解，准确地引导学生解决问题。"[2]因此，启发式教学与精心设置巧妙问题密不可分。

① 王双梅.运用多元化的教学方法改进古代文学课程教学 [J].内蒙古民族大学学报，2011，17（04）：182-183.
② 姚红，崔霞.中国古代文学课程教学方法探讨 [J].浙江师范大学学报（社会科学版），2011，36（01）：104-107.

第三节 中国古代文学教学的当代视野与网络资源利用

一、中国古代文学教学的当代视野

（一）弘扬并传承人文精神

经过大浪淘沙后流传下来的经典作品是古代文学的学习内容，古人的生存方式、理想抱负、审美情趣、人生境界通过文字生动地展现在千余年后的炎黄子孙面前。这对理解和接受能力极强的大学生来说，是一种极好的滋养与启迪。诗词曲、骈赋等作品中的文字中蕴含着作品主人的身世、个性和精神面貌，后人通过阅读和学习可以对其有深刻的了解。因此，学习古代文学对传承中国古代优秀文化、弘扬人文精神十分重要，古代文学作为对大学生进行专业训练和人文熏陶的课程之一，其重要性不言而喻。但是，目前作者认为大学生的人文素养还有待提高，有人分析曰：

培养高素质的创新型人才是高等教育的最终目的，要通过高等教育教会学生读书、做事、做人和与人相处的方法。但是，当下大学教育的指导思想、教育内容、教育效果上都存在一些问题。"工具性"和狭隘的功利教育观念是指导思想的问题；重视理工、专业和知识，轻视人文、教养、能力问题是教育内容需要改进的地方；增强学生的人文知识储备，保证知识结构的平衡才能达到更好的教育效果。在部分学生中，民族意识淡漠的问题十分突出，他们不了解中国文明史，对传统文化不感兴趣，推崇西方的圣诞节、情人节、愚人节等，却不清楚我国"清明节""端午节"的出处。大部分学生课外书的阅读量不够，在这极少的阅读量中还包含"快餐文学""地摊文学"。长期下去，会降低我国高等教育人才培养的质量，阻碍我国现代化建设进程的发展。

因此，学生通过对历史经典作品的阅读，可以学习到作品中蕴含的浓厚思想意蕴，特别是其体现出来的作家的人文精神，这些都值得我们去吸收和传承。这也是一种弘扬民族精粹的重要方式。最近几年，一些学者认识到古代文学课程与现实生活息息相关，其中蕴含着众多人文精神和实用价值元素，我们对这些元素进行发掘和运用有利于学生的现代化教育。因而进行古代文学教学时，对文学知识和古代文学的实用价值要给予同等重视，这样才能帮助学生培养人文精神，有利于学生将理性知识转化为实际运用能力。

假如在教学过程中我们找到了能够契合现实人生和古代文学的关键点，那么就能使古代文学的人文学科性质更加凸显，更有利于对学生人文精神的培养，进而在精神层面推动古代文学和现实人生的密切契合。

中国古代文学在中国传统文化中占据重要地位，是传统文化的载体。大量的文化典籍和文学作品承载着几千年来华夏民族的思想智慧，蕴含着浓厚的人文主义思想和人文精神。例如，批判意识、忧患意识、叛逆精神、注重"天人合一"和和谐的人际关系、重视人伦亲情和人生价值、尊重自然、顺应自然、主张人格的自我修养等，都体现了中国传统的人文主义。

大学时期是学生成长成才关键时期，此时期影响着学生人格的形成。大学生的可塑性也相对较强。古代优秀作家通过其优秀作品展现了自身独特的人格魅力，将古人的人生态度、理想追求、生活智慧、情感选择等都通过作品体现出来。这些优秀作品对中华民族来说是极其珍贵的、是必须弘扬和传承下去的精神财富。

当前，学界普遍认为应该孜孜不倦地引用更多学者的观点。前辈们的认识是很深刻的。所以，可以借鉴"知人论世"的方法去介绍各个作家，让学生们对作家的人文精神有更深的体会，更能感受到作品中的人文气息。

（二）与现实社会发生关联，与当下生活紧密结合

目前，很多古代文学授课教师都存在这样的问题：只在课堂上将课程知识点讲授给学生却不重视思考、探究该课程的社会价值和意义，使古代文学脱离了现实生活，导致学生们的学习兴趣逐渐降低。这些问题产生的原因是落后的教学理念和过多的教学内容、紧张的教学课时，这些使得教师们没有多余的时间去思考和运用正确的教学方法。重视学生对基本知识的掌握和知识框架的构建却忽视了作品带给学生的直接感受，尤其是对实用价值的忽视，使得古代文学课程的教学与现代社会要求不相符，使其脱离了现实生活成为历史，这是相关学者提出的当下存在于我国高校古代文学教学中的普遍问题。为了能够突破困境，解决这一问题，我们必须努力挖掘古代文学在现代社会的实用价值，让学生能够将所学知识

应用于实际生活，激发古代文学新的生机和活力[①]。

带"古"字的课程缺少与实际生活的联系是其难以引起大学生学习兴趣的关键原因之一。作者从"批判意识"角度出发打破古代文学与现代社会的壁垒，让学生切实体会到了古代文论的思想和方法依然适用于当前社会，仍然富有生命力。

两位学者均撰文作出了自己的思考，值得借鉴。作者在长期研究中始终坚持的原则是挖掘传统、激活资源、观照当下、古为今用。基于原则对古代文学教学进行了多次的尝试及探索。因此，让学生在古代文学教学中真正获益是作者始终秉持的理念。由于时空的间隔和载体的区别使得如何将古代文学与现实生活联系起来成为我们需要思考的问题。我们还需要对古代文学的现实价值和致用精神的具体体现进行挖掘。上述主要是通过以宣扬人文精神的方式使当时的生活有足够的智力资源、指导学生对文学作品运用"二度创作"等形式进行教学改革。除此之外，还包括以下几种方法。

一是，通过寻找古代作家在人生际遇、生活环境等方面跟现代人们工作、生活相似地方的方式，使学生能对他们的创作动力和作品的含义进行更加深入的理解体会，让学生能有更大的收获。

比如讲到庄子言说他的"逍遥游"思想时，将当时的社会环境与现代进行对比，通过对比战国时代的动荡不安和现代物质文明快速发展后人们的心态却缺乏平静稳定，心理危机逐渐加重，寻找其中的相同之处。这种对比能够让学生通过自身感受到的精神危机更好地理解战国的时代现状和庄子在动荡不安中对精神自由、人格独立的追求，激发他们对当前生活现状的思考，之后可形成话题作文，发表思想随笔。再比如对屈原的《离骚》《天问》《涉江》《哀郢》等篇章进行讲解时，可以联系许多大学生突然因为某个不存在的过错被长期热恋的对象分手，甚至为此被周围的同学、朋友而嘲笑，对比楚国宫廷带给屈原的凄惨经历和境遇。这种形式的教学就是用相似情境激发学生对诗人经历和作品产生背景的感同身受，让学生在作品学习过程中有更多的熟悉感。在对南北朝的宫体文学或五代十国的花间派进行讲解时，通过"美女写作"去了解当时文学创作的成果，便于学生更详细地了解、掌握宫体文学或花间派形成的原因、社会背景及作品风貌。

---

① 喻芳. 寻找古代文学与现实人生的契合点——高校中国古代文学教学改革探索 [J]. 乐山师范学院学报，2011，26（02）：138-140.

用现代社会的相似语境去对比和观照古代文学作品，能够避免教学的疏离感，使古代文学更贴近现实生活。易中天和余丹都是通过用当时的社会场景和语境去分析古代的人物、情感、事件和道理而在中央电视台一讲成名。他们用活泼、俏皮的语言去讲解古代文学，让讲解贴近现实生活，便于大家理解，无论是老人还是小孩都能听得懂。易中天和余丹的讲解策略和言说方式对高校教师有很大的借鉴价值。

二是，以当前多种学科观照古代作品，采用不同角度进行解读，通过激活资源来阐发作品丰富而多元的内涵。

"五四"之前，古代文学并不是专门的学科，是国学中兼采经、史、子、集的综合部分，之后，引进了西方的学科分类理念和方法，古代文学才逐渐成为一门独立的专门学科。从"五四"到现在，学科的划分越发细致、严密。所以，现在我们要用跨学科的视野去解读文学作品，而不仅仅是用狭义的观念去学习、讲解古代文学。"横看成岭侧成峰，远近高低各不同"，以不一样的角度和学科去研究、解读文学作品，常常会得到差异很大的结论和认识。

例如，对《聊斋志异》的讲解就可以从不同的角度出发，可以从女性主义层面去解读创作者是以怎样的心态进行创作的，对作品中文学形象可以用原型分析法解读，可以基于生态美学领会其中异化的人与自然，也可以借助人类文化学去分析鬼狐意象中蕴含的内在含义。"同时，对于古代文学作品中蕴含的审美价值也需要我们去积极努力地挖掘和研究，找到其中蕴藏的人情美、人性美、道德美、结构美、韵律美、语言美、风格美"①。

"道德美"是从伦理学层面观照的，语言学层面的是"结构美"。比如，用现代管理学的观点去读《三国演义》，用谋略学的观点去读《水浒传》，用人际关系学的观点读《西游记》，用社会学的观点去读《红楼梦》，等等。只要能熟练地运用此教学法，就能通过解读作品不断领略新的含义，顺理成章地推动传统与现代关联的构建。这对教师提出了更高的要求。这种教学法特别需要学术胸襟宽广、教学视野开阔、知识结构完整的授课教师。肯动脑筋肯备课，定能有新的收获，对其科研和教学也都是一种促进和提高。

---

① 喻芳.寻找古代文学与现实人生的契合点——高校中国古代文学教学改革探索 [J]. 乐山师范学院学报，2011, 26（02）: 138-140.

二、中国古代文学教学的网络资源利用

在信息时代，网络提供了无穷的教学资源，如果利用得当，将使教师备课效率事半功倍，课堂组织胸有成竹，课堂教学内容锦上添花，课后辅导如鱼得水。然而网络各种资源泥沙俱下，需要甄别、辨析、审视选取，应避免为图省事而盲目播放过多的视频，这必将减少作品讲解时间，此是对多媒体教学的误解。"古代文学教学要想打破目前的单一模式，就必须放开眼光，充分吸纳和利用数字信息，拓宽古代文学的教学面，丰富其接受手段，鼓励和帮助学生利用网络平台辅助专业学习，引导学生将从网上获取信息的行为与专业学习联系起来，积极借助网络实现课堂教学的延伸和深化。[①]"依作者实践经验，可重点选取如下相关网络资源。

（一）利用多媒体制作教学课件

教学课件一般每节课 20 片 PPT 为宜，中间穿插适量的图片和音乐，不宜过于频繁翻阅，否则就是此前的"人灌"变成了"机灌"。首先，课件只是辅助手段，教师的重心应放在对作品的讲授、分析上，不能本末倒置。其次，制作课件不可过于花哨，形式压倒了内容，忽略讲解反而追求图片和音乐的堆砌。最后，文字也不可过多、过密，否则弱化了讲解而"照机宣科"，教学效果适得其反，当然，古代文学课程需涉及大量史料性文字，可发挥多媒体课件的容纳、直观功能。总之，利用多媒体制作课件来进行教学优缺点并存，教师需避免过于依赖课件。

（二）直观、形象地利用简短视频介绍作家

无论迅雷还是百度，都有关于著名作家的片花集锦，长短不限，5~15 分钟不等，如"中华上下五千年"对该作家的成长、个性和成就等有简单凝练的介绍，教师可自行进行在课堂展示。在图像时代，学生对视频的敏感要高于传统粉笔字和口头讲解。教师尤其可多搜集动漫式的人物简介，这种视频网上非常多，风趣、活泼、俏皮，深得 00 后大学生的喜爱。

---

① 王志清，徐晓红 . 媒介素养与高校古代文学教学实践 [J]. 淮海工学院学报（社会科学版），2011，9（02）：98-100.

（三）辅以音乐背景和转化内容后的视频资料

前者如讲解李煜的《虞美人》（"春花秋月何时了"）、苏轼的《水调歌头》（"明月几时有"）和李清照的《一剪梅》（"红藕香残玉簟秋"）时，播放现代人谱曲、演绎的流行歌曲，传统诗词跨越千年而获得现代演绎，学生会倍感亲切，从音节、旋律角度对诗词原作有了更进一步的把握和了解。当然，很多经典篇章在网络上都可搜集到名家朗诵或传唱，教师可多方比较后选择经典版本在课堂上随机播放，必要时可引领学生一同哼唱或朗诵。后者如徐建芳博士在讲解白居易的《长恨歌》前，先用幻灯片给学生放映戴敦邦依据诗作绘制的系列图片，同时配乐朗诵，把学生带入深切同情主人公悲惨命运的情境和氛围之中，使其对作品理解更加真切和深刻。或者是作家作品的相关报告讲座，可节选其中某段在课堂配套播放，时间紧凑，可布置学生课后自学，或者就是提供路径和地址，让学生自行下载观赏。在国学兴起、普遍重视挖掘传统资源来为当下提供养分的今天，许多经典作品的鉴赏已放入网络中共享，如重庆卫视的《读书时间》等节目便值得推荐和学习。

（四）经典叙事性作品的影视改编

在读图时代，很多经典的古代文学作品已被改编为连续剧或电影，有的甚至一再被翻拍，有不同版本问世。如讲解戏剧《西厢记》时可配套播放昆曲《西厢记》；此外，戏剧《牡丹亭》《长生殿》《红娘》等也已改编为电影或剧目，在教学中可选择性播放；目前四大名著均已被改编为电视连续剧，教师可节选其中片段来随堂播放，但不能以视频内容替代教师主讲，改编资料只是让学生通过更直观和形象的视频来加深对作品的理解。利用网络多媒体技术开展教学，实则是将声音、图像、音乐、色彩、动画等组合在一起，从而形成形象逼真、情景交融的教学情境，使学生的学习积极性得到充分调动与发挥。它可达到三个方面的教学效果：一是使复杂的内容简单化、清晰化；二是将已知的内容新颖化、鲜明化；三是把静态的教学动态化、灵活化[①]。

---

① 栾为．古代文学现代教育教学方法研究浅析 [J]．黑龙江教育学院学报，2009，28（12）：183-184.

第五章　新时期高校文化类课程的教学发展

本章论述新时期高校文化类课程的教学发展，主要介绍了四个方面的内容，分别是以学生为主体的高校写作学课程教学模式建构、对比较文学课程教学的反思、汉语言文学存在方式的转型探析、汉语言文学发展的困境与机遇。

第一节　以学生为主体的高校写作学课程教学模式建构

写作学课程又名基础写作、写作理论与实践，它和公文写作、新闻写作等课程一样，是建构汉语文学专业学生"写作"知识板块的基础性课程之一。它的应用性和实践性很强，教师决不能只是纸上谈兵，单讲一些理论知识和写作要点，而全然不去调动学生提笔写作的积极性。这决定了从事此门课程教学的教师最好能对诗歌、散文、通讯、报告文学等，有爱好、会写作，最好发表过一定数量的作品。这样才不至于自己做不到只硬生生地要求学生去写，那样缺乏说服力，无法发挥任课教师应用的表率作用。会写是会教的基础和前提，但不是全部，如何教学写作学，还真是一门学问。

一、网络环境下当前高校写作学课程教学新探

世纪之交前后，社会全面进入网络时代，数字、读图、符号和信息成为人们交流、沟通乃至办事的核心关键词。这种新兴媒体极大地改变和影响着社会的方方面面。在教育领域，多媒体技术对传统的口头讲授、粉笔板书形成极大的冲击。当前，高校诸多课程正在网络环境中作出必要调整，使教学内容、教学方法、教学手段等适应信息化时代的变化与要求。中文专业的写作课程自不例外。近年来，

部分教师就此话题展开过研究，具有一定启发性，但作者认为随着博客、飞信及微信等新兴交流方式的涌现，这其中还有很多问题值得思考和探讨。

（一）建构师生共享、互动的网络平台

网络如能充分利用，定能成为师生互动的有力平台，它能架构起任课教师和学生之间的桥梁，使双方突破时空的限制，达到互动的及时性和便捷性。当前，高校写作课教学不能只是简单利用电脑来查阅资料和制作课件，应充分利用这一平台，发挥其功能，使之成为任课教师的"万能钥匙"，以及学生的得力助手。作者认为，可结合写作学课程的性质与特征，从如下几个方面去建构这一立体化平台。

1. 教师备课平台

教师备课平台包括传统纸质备课教案所涉猎的全部内容，目前在国内部分高校有开设。例如，写作学"课程教学大纲"、教学计划、教学要求、内容安排以及任课教师介绍等基本信息，其次，电子教案、简明教材和录像资料、多媒体课件是网络载体的优势所在。此外，还有电子版书目推荐、练习题及资料引申等。当然，录像资料不见得一定是任课教师现场主讲的，凡是相关的均可，或者是导论和概要式的，以避免学生提前了解后较少出勤，对教室课堂缺少好奇和期盼。备课平台不仅可供教师进行电子式备课，很多资源也可直接用来制作课件，便捷灵活，而且对学生开放后，可使其自主学习，增加了解，或者课后温习，以备巩固和强化之用。然而，当前部分高校普遍存在的突出问题表现在，这些栏目设置要么很空，要么很陈旧，没有与时俱进（尤其是教案、习题和书目等）。

2. 搭建学生学习的网络空间

据作者经验，搭建学生学习的网络空间可从四个方面去着手。

首先，"文献资料"可为学生提前准备有关教材，或者获取书目后到图书馆进行阅读，以将写作课学习延伸到课外，尤其是涉及写作研究新进展的论文成果的学习，可带领学生了解学科动态，触摸学科前沿；或者只是和写作内容相关的资料展示（如国内写作学会的综述等），也有助于学生扩大视野。

其次，"网站链接"可引领学生进入兄弟院校写作课程建设网，或者能促进学生积极阅读、积累素材的网站都可，如"国学网""榕树下""学术批评"等。

再次，"教学资源下载"可适当丰富一些，比如包括各省历代高考作文题、《美文》各期目录电子版、前几届学长的优秀习作、重点院校的考研文学评论题荟萃以及与写作相关的名家报告等视频资料（如余秋雨讲座、国内作家访谈等），只要不涉及版权且对学生提高写作能力有切实帮助的资料，都可提供给学生。

最后，也可设置"练习题"（或"思考题"）栏目让学生当场检测，据参考答案自己评判。上机测试省时省力，也是当前网络发展的一大趋势。这些资料需要老师花大力气搜集和整理。

3. 师生互动平台的搭建

师生之间异地异时的互动凭借网络得以实现和延续。这大体又包括"教师答疑""师生讨论"以及"学生建议"三个栏目。"教师答疑"专供教师（同时或异时地）解决学生遇到的各种问题，以网络形式回复，在互动中解决学生困惑，也让教师了解到学生的所需所求，以便及时调整教学方式或进程。"师生讨论"则主要在师生之间、生生之间展开，可围绕课程讲授、写作体验等展开，忌将原本是 QQ 聊天的内容曝光。既然是讨论，最好建议每次抛出一个开放式话题，让师生畅所欲言。选派其中一名干部学生总结每次谈话的最终要点，以逐步提交学生的思想认识。"学生建议"栏则可反映学生对这门课程的感受、评价以及改进建议，包括对"教"和"学"相关的方方面面的看法，为让学生担负责任可采用实名制，以形成师生共同改进、相互促进和提高的良好学习氛围。无论哪种形式，"师生互动"平台的落脚点都在"学生"，而任课教师只是参与者，最终都是利用网络以指导和服务学生，体现出新时期"以学生为本位和主体"的教学观。

4. 教学效果检测的平台

教学效果检测既包括学生对任课教师在"网上评教"，也包括由学生完成的"题库自我检测"的设置，还包括教师对学生作业的"网络批改"。进而在实践性教学环节实现无纸化写作、递交、批改和考试。除期末考试外，学生的平时专业、自我训练都能通过网络顺利完成，既便捷又灵活。

（二）相关网络资料库的建设

网络作为一种新兴交流媒介，深受 90 后和 00 后学生的喜爱。因此，写作学教学改革应充分利用学生们经常浏览网站的机会，来激发他们的写作兴趣，使其每一次浏览都有所收获。在网络平台上建构资源库比发放传统纸质资料的方式更加节省物力和财力，而且配以图画乃至背景音乐等，可更加唯美、形象和生动。此外，网络资源库还可弥补写作教学中内容庞杂、课时有限的不足，督促学生自发去补充知识，增长见识，拓宽视野。约略说来，资料库的建设可从以下几个方面展开。

一是收集、呈现古今中外名家论写作的格言与警句。可分为绪论（整体认识）、材料、主题、结构、表达、语言、文体及修改等类别，数量不在多，而要精辟，具有代表性。这种格言多语言优美，辅以精美的花边图案，能使学生眼前一亮，对他们的写作具有警示和启迪作用。可以在教学实践中不断完善和更新。

二是近代中、外作家的创作谈。和创作格言凝练精辟不同的是，这一板块集中收集西方雨果、莫里哀、马克·吐温、司汤达等作家，以及中国鲁迅、郭沫若、冰心、史铁生等文学家们关于创作的各种感受、体会和认识，更多的是较详细的经验总结。

三是写作文献资料的介绍，相关刊物、著述和文章都可。比如陈列近三十年来写作学科发展演进历程中具有典范性的教材和著述，既可展示每一代表作的梗概介绍和全书目录，也可作出凝练的评析，让读者可以管窥中国当前写作学科的演进态势。同时，选录国内写作学方面的专业期刊（如《写作》《阅读与写作》等），对该刊物主办单位、栏目设置、电话邮箱等稍作介绍，以引领学生常去翻阅，并积极投稿。

四是国内相关网站的链接。这是网络平台的常用功能，主讲教师精选国内能促进学生阅读和写作的网站均可，比如"公文网""榕树下""国学网""中国当代作家网"等，以及兄弟高校中写作课程建设得比较好的院系。

五是刊登学生的优秀作品，同年级或前几届学长的均可，只要具有典范性，在构思、主题、语言、文体等方面可圈可点，都可不拘一格地刊用。这不仅能起到示范作用，也能极大地激发学生的写作热情。虽然作为网络资源刊登文章的门槛要比纸媒低一些，但能让学生看到辛勤耕耘后的成果可以与大家分享，总是很欣慰的。一旦形成传统就可净化校园风气，后几届学生上路就轻而易举了。

这五个方面齐头并进，使学生既能模仿、借鉴前辈名流大家，又可看到自己的实践足迹，极大地促进写作学课堂教学发展。当然，每一栏目和板块需要经常更新和维护，忌讳敷衍花哨或徒有形式。

（三）视频和文字资料的恰当运用

多媒体网络系统具有很强的人机交互功能，能很方便地进行师生之间、生生之间的信息交流。多媒体网络系统的突出优势表现在教师在具体的教学过程中，根据教学目标和教学对象，通过周密的教学设计，合理选择和灵活运用现代教学形式，丰富写作信息，让学生在较短的时间里，掌握知识，提高能力的一种教学手段。这种现代化的教学手段集图片、声音、动画、视频等于一体，其信息资源的丰富性和教学的直观性是传统教学无法比拟的，它将课堂教学引入到了一个全新的境界。然而据作者观察，当前很多高校教师过于依赖或误解了多媒体技术使用，要么重大量视频的播放以形成形象感，忽视了必要基本的分析讲解；要么不断地进行课件翻页，且文字过多过密，上课如同念经一般，有照本宣科之嫌，学生自然生厌。这已引起学界的警惕和重视。就写作课程而言，综上所述，部分教师已就多媒体技术如何应用于写作教学进行了探索，这里作者无意于谈论课件教学的利弊，只结合写作教学体验，集中谈些可操作的要点和需要注意的方面。

视频并非越多越好，而是必须和所讲内容紧密相关，主讲教师要善于剪裁和取舍。这似乎是一句空话，任何一门课程都应遵守，然而当前很多教师为了发挥多媒体的直观性和生动性功能，在视频选取方面比较盲目。写作课要在不断的实践之中串讲很多理论知识，引导学生去实地"下水游泳"，正是课程的性质决定了它不可能像中国传统文化、中国现当代文学那样使用很多配套视频来增强形象感。当前关于作家创作谈的一些视频也极为有限。教师只能在讲到"观察""构思"等专题时播放一些社会热点话题或生活场景，让学生现场即席写作，或者以"插曲"和"片花"的形式来形成话题素材，比如通过两幅绘画构图、色彩的对比展示，让学生进行细致观察区分异同；听一首音乐让学生发挥想象，写出个人独特的生命体验；或者在指导学生如何写影评文体时，适当地播放电影的某一部分，已进入"语境"之中；或者讲到某一公文格式时，链接到政府网站现场演示（不具备讲坛上网的教师也可采用电子版扫描后上传）。总之，多媒体的利用必须紧密结合具体知识点，以服务于教学目的为根本宗旨。虽然写作课运用视频教学的机会不及文字多，但只要任课教师平时多留意，搜集和储备相关资料，积少成多，教几轮（届）后，最终总可以得心应手的。

利用网络进行多媒体教学固然有其优势和长处，但作为"双刃剑"其缺陷和不足也是极为明显的。作者以为，如下三点是操作中需要格外注意的。

一是任课教师必须平时熟练备课、打开思路，形成"大写作"观念，做生活的有心人来储备素材。将"写作"纳入社会生活之中去浸润和磨砺，毕竟写作的"取材"来自包罗万象的现实生活。因此，任课教师不能只是满足于把写作理论知识讲解得全面而完备，必须增加学生执笔锻炼的机会，要在实践活动中增强其写作能力，书本讲授可贯穿于其中。只有形成"大写作"观念，搜集和整理视频、文字资料才更加开放和多元，不至于面对知识要点捉襟见肘，从而导致视频、文字内容极为单一和贫乏。

二是课件的制作与资料的运用不可太过花哨，使形式大于内容，展示过多，讲解过少，本末倒置。多媒体技术只是一种教学工具，发挥电脑功能，作为教学的辅助，主讲教师不能在声音、图像、文字的编辑方面只求形式完美，而忽略基本的口头讲解和知识分析，以致喧宾夺主。当多媒体的平面展示代替了必要的讲解时，学生对知识点的理解和掌握无法得到落实，而且其思考和感受的能力被剥夺殆尽，这是需要引起警醒的。此外，课件教学切忌照本宣科，教师必须提升教学技能，形成"以学生为本位和主体"的教学观，发挥课堂的主导作用。

三是多媒体教学不能减少学生的执笔锻炼的机会（尤其是课时很紧时）。写作能力的提高绝不只是靠教师口干舌燥、苦口婆心讲解得来的，何况许多学生对较空泛的理论知识退避三舍，望而生畏，增强笔头表达功夫必须仰仗多读、多思、多写三结合。尤其是学生练笔的机会不得剥夺。教师应该结合视频、文字等教学资料来布置学生感兴趣的话题，督促他们勤写、多练，亲自体会到写作的各种奥秘。

（四）必要的叩问与忧思

网络的出现带来高校教学观念与方式的全方位转变，多媒体技术对传统教学形成强烈冲击，高校写作课亦不例外。在网络渗透社会各个角落并影响着人们的思维观念、生活习惯和学习方式的大环境下，网络对高校写作课教学带来的诸多现象值得深思。

第一，网络和读图时代到来，学生思考问题的能力（简称"思考力"）和体验、感受的能力正在日趋弱化，读者如何形成富有个性的独特创见有时似乎是一种奢望。众所周知，网络是一个无穷宽广的世界，泥沙俱下，精华与糟粕并存，而学生如无明确的上网查阅目标和较强的判断鉴别能力，极易陷入资料的海洋无法自拔，在无数的链接中耗时耗力；并且在贪婪和占有心理的支配下，不断粘贴复制、占有资料，甚至在读屏中不断"追赶"，丧失了阅读中必要的思考和琢磨，这对写作是不利的（而传统的纸质阅读伴随着墨香、圈定和静思，恰恰能避免这一点）。并且，不改革"展示型"的课堂教学局面，学生被动地陷入平面化的信息接收，是真正地"学而不思则罔"。尤其是当前一些多媒体课件教学因课时紧凑而间接剥夺了学生的参与机会和思考时间。"我思故我在"，任课教师要在增强学生思考力方面多想办法多作指导。

第二，学生易在网络浏览中投机取巧地"复制＋粘贴"，缺乏情感训练，忽视通过社会实践来积累写作素材。当前信息时代学生过于依赖网络上的各种资料，减少了各种亲自参与社会实践的机会，甚至有的学生误以为不去接触广阔的社会，不在活动锻炼中也可以写出一篇好文章，他们利用大量网络资料直接重新整合，适当添加自己的观点就可完成一篇文章。然而这对写作抒情类文章是行不通的。言为心声，诗缘情而绮靡，写作是个体情感的表达，而人的喜怒哀乐、悲欢离合各种情感体验都需从社会实践中培养和增强，剥夺了情感体验的根基，无异于釜底抽薪。因此，作者认为，当前高校写作学教学除充分运用网络优势，进行资料库建设和多媒体技术教学以外，还需任课教师多利用暑假带领学生参加各种实践、带队实习以及进行相关调查等，指导和带领学生在生活中尽情地去体验和感受小说，督促学生抓住日常生活中难忘的瞬间，并将之转化为笔头灵动的文字。

第三，在网络时代写作，应竭力避免毫无文采的口水化语句和随意化表达。网络语言中有很多文章低俗化和大众化，很多学生善于吸收和转化，运用到写作中来，往往缺乏斟酌和推敲，常使表达不够准确和妥帖。我们不否认当前很多网络语言具有俏皮性和生动性，易于让大众理解和接受，但作为写作使用的书面语言，还需要进一步提纯与净化，使表达更加准确、生动、顺畅和富有文采，这是当下创作文章的基本要求。而当前很多90后、00后在写作表达上很随意，往往通篇语句口水化、碎片化，没有多少文采，更谈不上表达的意境。

网络环境带来社会的全方面变化，多媒体技术改变着当前高校写作学课程教学的内容、方式、手段和效果，任课教师既要投入心血、组建团队、与时俱进地建构各种资料库，也要在教学过程中恰当地使用视频和文字资料，努力增强自身学科意识，提升自己的教学技能，克服网络和多媒体教学带来的负面效应，做到这些后终能开拓出新时期写作课教学的一片新天地。

二、当前高校写作学课程学生兴趣的激发

写作学是我国高校中文系的一门专业必修课，是增强学生笔头表达能力的基础课。近年来，随着新时代大学生在网络和读图时代读写能力的弱化，以及社会对写作能力的重视，不少专家已呼吁在重点高校对所有新生开设写作课。这里作者结合多年教学的经验和体会，就如何提升大学生对写作课的兴趣，转化其写作状况，集中谈一些自己的看法。

（一）建构写作学师生互动平台，积极进行写作资料库建设

世纪之初，整个社会全面进入网络时代，多媒体技术对高校教学产生重大的影响和强烈的冲击。很多教学内容、教学方法和教学手段都急需调整与更新。就写作课而言，任课教师可利用网络人机互动交流的长处，发挥多媒体教学将声音、图画、文字相结合形成视觉、听觉共同作用于学生感官的优势，搭建立体化的网络学习平台，制作形象直观的PPT课件，以及充实完善写作课资料库建设。

有人曾对传统写作教学的劣势作过集中分析，认为写作教学程式化，学生缺乏新鲜感，缺乏写作兴趣，缺少主动学习和探究的机会；学生的学习能力受到太多的限制，难以激发写作动机；学生缺少必要的生活情境，写作教学重形式轻内容，写作时难以下笔；教师批改作文周期较长而效率低下，难以做到给每个学生及时反馈，师生之间缺乏交流；学生的作文成果束之高阁，缺乏生生之间的横向比较，竞争意识淡薄，享受不到成功的快乐等等。而这一切几乎是对当前高校写作课教学的某种"白描"，是课堂教学存在弊端的一个缩影。其形成原因固然是复杂的，但很大程度上这些可以通过多媒体技术得以规避。网络写作教学运用现

代教育理论和信息技术，通过对教与学过程和教学资源的设计、开发、利用、评价和管理，以实现教学的优化。

"网络写作教学平台"涵盖资源库管理平台、网络备课平台、用户信息管理平台、作业和成绩管理平台、师生课外交流平台等。具体设置包括课程资源、讨论、答疑、任务（作业、测试、考试）等模块，进入课程资源后，又可进一步设以下栏目：课程公告、课程特色、教学大纲、教学计划、电子教材、授课教案、授课录像、多媒体课件、学生作品集锦、课堂优秀作文选、参考文献、相关网站、课题研究、教学资源下载等。也有高校将其设置为"写作技巧汇聚""阅读研讨""专项训练""作为评改"等板块，利用博客平台进行教学，值得国内同行借鉴。

除此以外，作者认为还可以建设"写作课资源库"，供学生浏览和习鉴，以尽可能地扩大学生视野，增强其知识储备，具体包括"优秀习作""重要研究论文介绍""国内主要写作刊物""各地报纸副刊"等栏目。这样，活泼多样的网络资源设置和分配，能部分地克服传统凭借粉笔和口头讲授的不足，激发学生的写作兴趣。当然，对于制作课件、运用多媒体教学，作者认为尤其要注意三点：一是尽量避免对学生思考力的弱化；二是配合课程，增加学生执笔锻炼的实践环节，培养学生的感受力和体验力；三是督促学生多读纸质美文，多向传统经典吸收和储备语言资源，少些随意化和口水化的"白开水"式写作，提升文章的文采。

（二）增强现场感，运用情境与案例法教学

写作学所包含的取材、主题、构思、表达、文体、修改等八大块的确需要涉及许多理论知识，从基本要求上改变学生的认知，尤其是公文写作更是有很多规范化的格式要求。通常而言，书本理论比鲜活现实要抽象得多，它多以概念、要点和注意事项形式呈现，显得冷静和理性，对高校大学生缺乏吸引力。然而写作教学的最终目的是使书本理论转化为行动自觉，写作能力的提高需靠学生执笔用形象、生动、优美的语言表达来证实和体现。因此，写作教学中如引进情境和案例相结合的教学法，则能有效避免写作课教学的枯燥和单调局面。

比如教学公文写作中"会议纪要"这一专题时，先简要地讲解"纪要"的基本格式，之后不妨采用即席写作的方式来组织教学。选派五六名（或稍多一些）

学生现场举办一个圆桌会议（强调现场感，而不必寻找专门的会议室，搞得很隆重），由教师担任主持人，抛出事先准备的，和学上生活密切相关的，让他们都有话可说的话题——如大学生可否谈恋爱？大学课余时间如何支配？如何处理专业学习和大学过级考证之间的关系？等等，供参会人员发言讨论，二十多分钟后由指派的会议秘书代笔撰写成会议纪要，与会同学修改完善，最后由老师现场详细讲评，既参与又见证，这样学生便记忆深刻，很快能领会"会议纪要"的格式和写法。现身说法的效果是任何单纯理论讲解所无法达到的。又譬如讲解"调查报告"的撰写时要本着贴近学生生活的原则，布置"当前大学生选修课现状调查"的调查题目，现场将班上学生分为四组，分别负责制作问卷、接受调查、问卷回收与分析、执笔撰文，一周后结合文稿讲解调查的步骤和注意事项，这也会给学生深刻的印象。如讲到"修改"专题时，给每位学生发放一份在结构、语言、细节等方面存在很多错误和纰漏的范文，让学生当堂修改，然后互改和小组汇报，最后由教师加以总结。只要转变教学观念，无论是高校基础写作还是公文写作，都可以创设很多情境来予以教学，从而使理论讲授变得直观、活泼而生动。

显然，情境式教学法有助于调动同学积极性，使他们在参与中感受和掌握理论知识与书本要点。但需要注意的是，教师所选话题必须紧密贴近学生生活实际，让绝大多数学生有话可说或愿意参与。其次，教师只是扮演组织者和引导者的角色，要竭力使学生成为教学的主体，充分调动他们的积极性和主动性。

（三）组织和利用好各种实习、社会实践活动来训练写作

写作学教学不能只是封闭于课堂上，必须"开放""搞活"，与生活大舞台联系起来。由于写作课内容庞杂，课时有限，要想取得理想效果，必须创造条件，"走出去"的同时，也"请进来"，进行血液的更新与互换。

1. 如何"走出去"

"走出去"即表明写作能力的提高不能单纯仰仗于课堂书本教学，还必须在读万卷书之余"行万里路"，利用大量各种活动和实践去锻炼，必须与火热的生活进行碰撞和对话，深入其中去尽情观察、感受、体验和吸收。这不妨从如下三个方面展开。

首先，充分利用校园各种活动来锻炼自己的写作能力、沟通能力和协调能力。

比如每年参加一次演讲会和辩论赛，或者其他的开幕式，这促使学生根据特定场景或转变角色构思文稿，训练文笔，在活动中去感受和调试，任课教师及时跟踪并指导其文稿的撰写和修改，使其在参与中领略不同文体的基本要求。一些同学可在学校教务处、学生处勤工俭学之余，为领导出席会议撰写发言稿，对锻炼其文笔也是一种促进（学生为完成领导的任务写稿比在课堂上随机联系要认真得多，有积极性得多）。教师可主张学生在校内成立自己的报社和杂志社，机构设置与正规报社、杂志社完全相同，采用全员聘任制。所有职务均由学生担任。定期出版报纸和杂志，作为学生内部交流的资料。学生在调查和采访、策划和组稿、撰稿和改稿中得到锻炼。总之，大学是一个大舞台，是社会的一个缩影，学生可充分利用社团、办公室、各种活动和媒体报刊等来训练自己的写作能力，在活动和参与中得到切实提高，为以后走向社会（那里写作范围更宽广，笔头要求更高）打下基础。

其次，利用每年的学生参加暑假社会实践或相关调查的机会，锻炼写作能力。大学四年在校的三个暑假除大三结束后很多同学转向考研复习以外，至少有四个寒暑假供学生参加校方要求的各种社会实践活动，教师可协作班主任或辅导员，在出发前布置适量的作业，比如调研报告、周记、话题作文等，待学生返校后院系组织征文比赛，并通过奖励机制来激发学生的参与性和积极性，确保社会实践和相应写作的实际成效。也有老师主张院系应常与各县市地区的报社、杂志社、电台、电视台合作，成立实习基地，推荐学生去实践。因为有编辑和记者的指导，工作比较正规和系统。实践的目的性较强，对学生能力和素质的提高具有十分重要的意义。此法很值得尝试和推广。

最后，利用学生大四实习归来推动写作示范和讲解。以作者所在单位为例，汉语业文学专业学生在大一基础写作、大二公文写作、大三新闻写作修完后，就需联系媒体或办公室进行实习了。对这些学长返校后刊登的稿件，一是及时进行写作交流和总结，学生畅所欲言，深化了对观察、表达能力的体认。二是将这些发表出来的作品分门别类，供下几届的学弟们参观和浏览，以增强他们的写作自信，激发他们的写作欲望。同时，任课教师就学生实习写作中遇到的各种问题进行分析和总结，有针对性地予以指导和升华，这对低年级学生也是一种"现身说法"。

2.如何"请进来"

"请进来"即是"大换血",指写作课教学不限于一人主讲,而是"转益多师是汝师",让学生受到多种写作观点和思想的全方位冲击,学习一些书本上学不到的知识和经验。

首先,各院系可以根据自身条件,适当聘请一些作家、记者、编辑、秘书等来校为学生做演讲,让他们和学生面对面接触,结合自身经历来谈写作的体验、经验与甘苦等,对在校学生的触动比任课教师讲坛上反复强调甚至更有成效。有的院校利用老师人脉和资源,每年请学者、作家、记者来主讲,值得提倡。

其次,榜样的作用是无穷的。如果一些高校条件有限,可就地取材,邀请校内相关教师来主讲亦可,甚至请已毕业的校友,或者在校研究生或高年级中写作能力比较强的学长为低年级学生做讲座,现场交流,均可实现校内资源共享。总之,要有"开放"的教学观念,请人进来协助教师讲解,对激发学生写作兴趣必有帮助。

"走出去"与"请进来"双管齐下,必将能突破现有单一课堂讲授的格局,实现写作教学的多元化。当然,这需要院系领导的经费投入和有主讲教师的人脉资源。

（四）建立写作档案或现场面批，因材施教展开教学

每个学生在学习基础、知识结构、价值观念、审美心理等方面都是独特的,是不可取代的"个体"。其个性特征、人格表现都是迥异于他人的,这决定了当前高校写作必然以学生为本位,以学生的发展为核心,尊重他们的个性,因材施教地予以培养。这是激发学生写作兴趣的前提。

第一,建立学生写作档案,对学生的写作基础进行全面摸底。开课伊始,通过问卷调查了解学生对写作的各种理解,自我剖析在写作方面的优势与不足。然后,全面批改学生上交的作文,做好批注和分类工作,了解每一个学生写作中出现的问题,就共通性毛病进行诊断和记录。这样通过直接批阅和间接问卷等方式,对学生写作功底有一个梗概把握。便于以后每次作文批改时有的放矢地予以纠正和提高。在课程中间和结束时再对照原始档案,来看学生在哪些方面有了转变和进步,并形成经验性认识。这就要求教学过程中,教师要经常与每一个学生进行单独交流和个别指导。当然，这需要老师付出很多心血，但细致的工作往往能取得可喜的成效。

第二，适当进行面批，增加与学生单独交谈的机会。很多学者也认识到大学扩招后当前大学生素质普遍降低的现实，认为这与学生增多、大学门槛降低有关，因此面批作文似乎有些一厢情愿。然而，面批的教学效果是班级集体教学所无法替代的，每一位学生在写作方面存在的问题是各不相同的，教师针对学生存在的具体问题予以指导，加强教学的针对性。这比老师写评语学生浏览后一放了之，根本不加审视和总结的效果要好得多。也许因为学生量大，教师无法逐一面谈，但选择学生常犯的某种共同问题（如观察粗糙、审题不准、结构紊乱、病句太多等），分类面批总是可以实现的。此外，教师可专门委托一名班干部，收集学生在写作方面遇到和存在的各种问题，以确定面批时间。针对学生个体存在的问题进行诊断并开出药方，能加强教学指导的针对性，有助于提升学生的写作兴趣。只有学生发现自己在基础上不断进步，就会由惧怕写作到正视写作，最后到青睐写作、喜爱写作，甚至终生离不开写作。

（五）教学活动和过程中的策划与改进

课堂是教学过程的核心环节。教师在讲课过程中做如下改进，将有助于增强学生的写作兴趣。

第一，针对当前写作教学中理论讲授过多，学生缺乏实践和训练的现实，建议课堂上适当增加感性材料，用生动活泼的素材和直观形象的语言来吸引学生。比如在讲到观察力的培养时，列举唐诗宋词中的经典作品；讲授某些构思、立意等较抽象的"大脑黑匣子"过程时，结合陆机《文赋》中的譬喻："于是沉辞怫悦，若游鱼衔钩，而出重渊之深；浮藻联翩，若翰鸟缨缴，而坠曾云之峻"来展开；讲到具体技法时，可结合文学家的逸闻轶事做适当展开，这些都能极大地吸引学生的注意力，某种程度上缓解书本理论和干巴巴要点本身具有的艰涩感。

第二，在写作课的课时分配上有所取舍和侧重。现有写作学自成体系，绪论、取材、主题、构思等八大块内容极充实，讲授时面面俱到容易占据极为有限的课时，从而压缩了原本用来练笔和实践的时间。只有转变教学观念，由教师为主导的教学变化为以学生为主体和本位的教学模式，才能不断推动学生去练笔，在实践中去提高，在各种活动和情境中去体验和感受，达到举一反三的效果。建议讲授和练笔课时分配为 2∶1，教师必须在写作内容上精挑重点和难点，进行取舍和剪裁，学会放权给学生，或者布置作业让学生进行话题训练，或者召开课堂专题宣讲会。总之，最终教学效果是"授人以渔"。

第三，院系宜创造条件补充写作知识讲座，或者进行写作经验交流会，使学生获得直接的熏陶和启迪。比如聘请当代作家、诗人进校园，与学生直接面对面谈写作。作者在攻博期间，曾接触过当时前来举办讲座的方方、池莉、晓苏等作家，受益匪浅。在条件不具备时，甚至可以请来校内喜好写作的高手来举行笔谈会。如果说写作课堂是正餐、主餐的话，则相关讲座和笔谈无异于"点心"和辅食，有助于改善学生的写作口味。

第四，任课教师要以身作则，在写作上应做出表率，起到示范和激励作用。主讲写作课绝不能只是空头理论家，一些话题连自己都没有体验和经验，一些文体连自己都不会写，又如何去指导学生呢？缺乏说服力只能使理论陷入苍白。因此，当前很多高校在招聘写作学教师时都十分注重其创作成果，比如散文随笔的发表数量，作品获奖的经历等。这种选拔是对学生负责任的表现。一些文科类高校文学院本身就有很多作家型教师，备受学生的欢迎（如重庆师大的莫怀戚、华中师大的晓苏、复旦大学的王安忆等），西北大学更是被誉为培养作家的摇篮，其自身即有作家讲授写作课的悠久传统。这就要求主讲教师平时要勤练笔，多写、会写、善写，以身作则，才会有效地带动学生爱好写作。

第五，结合社会现实和时代浪潮，关注热点话题，作为写作契机。要让学生对写作产生浓厚兴趣，必须在写作标题和内容上吸引学生，调动其积极性，而经常抛出紧扣社会现实的热点话题来举例和练笔，不失为一种尝试。比如作者曾对示范班上提问学生，如何就近年来屡见小学生被性侵案、校车事故频繁发生、多省高官落马之反思、各地惊现胡万林等神医、社会"最美"系列（最美司机、最美妈妈、最美女教师等）、医患关系为何如此紧张、年度感动中国人物之类的话题，展开发散性思维，写出有一定深广度的评论和杂文来，学生逐步尝到写作的甜头，学会自由地表达，并通过个人空间或博客与众人分享和交流，扩大、传播自己的思想和观点，甚至有部分学生投稿发表。选择社会热点作为举例和话题切入，一方面热点问题常被学生关注，学生熟悉和了解；另一方面，热点问题具有开放性，不同学生可以见仁见智，具有争鸣性。而且，社会话题如源头活水，包罗万象，时时更新，这就要求老师必须关注时事，忌"两耳不闻窗外事"。

三、当前高校写作学课程"以学生为本位"教学模式的建构

写作课作为高校中文系的一门专业基础课，近年来越来越受到高度重视的同时，也涌现出诸多问题，学界曾从教学内容、方法、成效等方面深刻反思过其中的表现及成因，并提出过许多可资参考的建议和对策。然而，无论当前写作学课程陷入何种局面，一个不容忽视的根本原因是传统写作课多是教师主导型的注入式教学，虽有部分教师做出过一定的教学改革尝试，但并未从根本上扭转这一局面。

治标要治本，只有创建以学生为主体的教学，才能从根本上改变写作课教学的这一尴尬和被动局面。这里拟从四大方面展开，探索"以学生为本位"的写作课程教学改革之途径与方法，以供同仁参考和借鉴。

（一）博览群书：写作教学前的准备工作

写作是一个长期积累的综合性系统工程，涉及主体的知识储备、文学素养、思维方式、审美心理等方面。有人指出，写作犹如海上的冰山，浮在海面上的部分是写作实践本身，可以叫做"诗内功夫"；而沉在海面以下庞大、厚重得多的部分就是长期、大量积累而形成的底蕴，可以称之为"诗外功夫"。课堂以诗内为主，自由阅读和生活实践则纯属诗外功夫。诚如陆游所言"汝果欲学诗，功夫在诗外"，这就提示我们：学生写作能力的提高绝不能单纯依赖三四十节的课堂教学，而必须建立"大写作观"，将学习延伸到每节课进行之前的平时零散时间，想尽各种办法促使学生进行必要的知识储备，狠下功夫提升学习素养，即必须在课堂之前（乃至平时和之后）就让学生自觉地"动"起来，让他们在思想碰撞和读书实践中受到良好的熏陶，从而实现由畏惧写作到直面写作，最后到亲近、喜好写作的重要转变。

首先，课前引领学生高度重视阅读，储备知识，借鉴模仿，培养语感。古人云：书到用时方恨少，读万卷书行万里路，书中自有黄金屋、腹有诗书气自华等，足见读书积累知识、熏陶人性的重要性。读书是写作的基础和前提，它为写作提供

重要的源泉，学生可从大量阅读中获得丰富的素材，还能在书香中训练思维，增长见识，拓宽视野，若再结合社会实践，会使写作行云流水，如虎添翼。

其次，博览群书还可兼容并蓄，增强语言积累，大量吸收前人的格言警句、歇后语、民谚、诗词、俗话、故事等，在自己写作时恰当运用便可锦上添花。有备无患，积累得越多，驾驭语言的能力就越强。

再者，经常阅读人文作品，还可直接从中借鉴、模仿如何写作。许多名家名作，无论从创作的意图、写作的角度、布局谋篇的变化还是语言锤炼等方面，都有精华所在。注意从阅读中吸取这些方法、技巧，可使自己在创作方面受益匪浅。很多杰出文学家早期都是从习鉴和模仿开始的。总之，对于大学生而言，阅读无疑是写作的最好老师。

另外，教前准备的关键在于如何形成良好学风，建构一种"读书"机制以确保在延续中让学生不断受益。这里作者推荐三法均可操作：一是依名单轮流登台，利用讲课前5分钟时间在班上分享近期读到的好书、好文（并不局限于写作相关的）。这就能推动学生课余多发现和查找，在交流和分享中获得阅读的乐趣。二是敦促院系成立"读书交流会"或者推荐学生成为学校读书会的会员，跟踪了解进展和动态。适当的时候，就如何读书、读书的范围与方法等举办专题讲座。三是如学者所言，在写作教学过程中，教师可以有针对性地布置学生阅读一些课外书籍、查阅报刊音像资料、观看电影电视或上网阅读收集等，并进行引导、点化、督促和检查。这种布置是教师精心挑选后的"命题"任务，能促使学生有针对性地研读、做笔记和准备发言。

督促学生博览群书，既要靠教师的跟踪、检查，也需要不定期地进行指导与引导，更要形成一种习惯和风气，步入正轨，上路后长期坚持，必将终身受益无穷。只有学生敞开胸怀，与古人对话，向大师学习，才能在"自动""自觉"中获得全方位的吸收与启迪。

（二）教学过程的设计与实施

课堂是教学实施的主要环节，如何利用课堂时间改变传统的老师单向注入式传授的教学模式，激发学生的写作兴趣、增强其写作能力是重中之重。所谓课堂教学中以学生为本位，即要求主讲教师必须改变教学观念和方式，教学目标的设计、方法的运用、过程的控制、提问的变换等，均以调动学生的积极性、激发其兴趣与活力为标准，而不是传统方式的"一言堂"，老师不遗余力地灌输、给予，学生只是被动地应对、接受，这种教学模式是在互动、合作、协调的良好氛围中完成的，最终使学生自觉、自悟、自得。作为对传统教学方式的反拨和超越，以学生为主体和本位的教学法不仅使主讲教师从内容杂、课时紧的烦恼中解脱出来，又可极大地提高教学的实际成效。以下五种方法值得在教学实践中尝试和探索。

1. 争鸣式教学：积极开展课堂讨论

这种教学方式能极大地调动学生的积极性，使其积极准备、踊跃参与。思想的火花往往在争鸣、讨论中迸发，学生的创新思维也在争鸣中得到训练。

其一，主讲教师要从课程中精选出具有争鸣价值的话题提前发给学生，让他们课余查阅资料，准备发言。比如如下选题：内容和形式谁更重要？思想和语言谁占据主导地位？写作中知识重要还是情感重要？写完后最好是自改还是他改？等等皆可。学生可提出正面或反面观点，也可提出新颖别致的第三种观点，鼓励个人独特思考和积极创新。

其二，这些话题立足于书本，具有很大的开放性，学生见仁见智，如同展开辩论赛，虽然没有非此即彼的固定答案，但理不辩不明，教师在课堂上巧妙引导，主控活跃而热烈的争鸣场面，接着在学生补充后由教师进行最终总结与升华，尤其要高度肯赞学生争鸣过程中涌现出的创新思想。

其三，对于争鸣过程中衍生出的话题，如果学生感兴趣，教师可鼓励其撰文，予以指导，然后修改和发表。

2. 研讨式教学：围绕某一话题查阅资料，进行钻研和拓展

这种教学方式由教师提前抛出话题，学生下来查阅资料、积极准备，形成小论文，然后在上完数次课后交替性利用中间某次专题课机会，让学生登台表达主要观点（限定时间），由学生和老师加以提问，发言学生当场答辩，最后由任课教师结合话题内容、答辩方法、拓展发挥进行总结。有人将之称为"主持人式教学法"。这种教学方法虽然在学生准备阶段是很有压力的，但它重在调动学生自己动手——查阅资料、独自思考、撰写成文、宣讲答辩，全程主要由学生"演绎"，

学生有较为充分的发挥空间。事后看来，这种训练对学生的锻炼是极大的，有助于增强他们的实操能力，培养其创新能力。并且，这种教学方式是在动态的"过程"中体现，要比布置题目、学生交稿、教师批改的传统方式更具优越性。不过，由于课时紧张，为防止核心内容讲不完，一学期可在上课中间交替举行 2~3 次即可。

3. 提前布置作业，分组准备发言，老师补充和总结

以学生为本位的教学模式，教师忌讳狠抓讲坛不放，讲得过多过细，而应想方设法调动学生，让他们在课余和课堂上思考、活跃起来，主讲教师要不遗余力地促使其动起来，不愤不启，不悱不发，在引导、督促下让学生自己获得认识，远比等待接受老师的给予甚至灌输要好得多。教师应该挖掘学生潜能，培养其创新思维能力。

这种"转化"的过程也是教师让权和因材施教引导的过程。在高校写作课程上，教师可以配合课程进展，多布置一些小话题，譬如"作家应该具备哪些素养？""创作文体究竟有哪些？""哪些修改方式更实用？""我们在语言表达上常犯的毛病"等等，让学生分组，进行个人思考，或查阅资料，由组长汇总，课堂上组织代表小组集体发言。

此外，很多由书本知识滋生出的延伸性话题，不见得一定要在课堂上检查和进行，也可布置成作业让学生下来完成后定期上交，依次数、态度和完成效果判定 30% 的平时成绩。学生只有在亲自动手和实际锻炼中写作，才能真正"下水"伸展四肢，掌握游泳的基本本领，在写作上获得质的提升。

4. 作文宣读会，进行写作经验交流

即便是在同一年级的学生中，写作水平也会有高低之别。为了让基础较好的学生讲出写作心得与大家交流分享，对同学们形成带动，增强其自信，可在平时注意，并举办"作文宣读会"，即请另外的同学代为宣读作文（比本人宣读要好），然后由作者当场谈其创作初衷、心得，交流感受和体会，传授经验和诀窍。这种方式对学生本人而言是一种肯定、鼓舞和荣誉，另一方面又发挥了主观能动性，同时对其余学生也能起到很好的表率作用。让他们感受到写作并不那么畏惧，只要扎实学习认真准备勤于笔耕，也可以登台成为榜样。

宣读的主体并不局限于本班本年级，还可进一步扩大到学长乃至毕业校友和电台主持人、高级文秘甚至一些杰出作家等（条件允许的话）。只有适时请进来补充血液，多增加主讲和学生互动的机会，学生的写作水平才能不断得到提高。

5. 课堂情境模拟，现场即席作文

生活是写作取之不竭的源泉，而课堂由于时空的固定很难对生活形成再现，这导致很多写作产生的环境、氛围失去了土壤，为了再现彼时彼地的场景，课堂上可现场拟设。如在某次研讨结束后，让学生即兴写篇"综述"，当场面批后再来总结综述的写法和注意事项，学生就会有更深刻的印象。这种"拟设"使每一个同学都是"在场者"。又如，将教室简单布置为会场，学生分为组织方、主持方和参会者三组，然后设置某个大家都感兴趣的话题现场开会，一刻钟后学生即兴写出会议纪要，接着由老师总结性地讲解这种文体的特点、要点等。或者当场发放一份已复印好的某机关的请示，让学生就其内容写份批复。这些都是情境再现和即席作文的尝试。

此外，针对基础写作的特点，任课教师可以以课堂片花的形式来让学生即兴作文，如播放一个 3~5 分钟的短片，让学生写篇观察小文，中间走动检查学生的写作情况；PPT 呈现 3 份话题材料，让学生快速"立意"；给出一个两三百字的引子，让学生发挥想象续写，当堂面批、总结这一过程；任课教师也可与学生"同台竞技"，然后平等地与学生交流各自的写法、体验和感想等。这种互动式的教学模式不仅能有效培养学生快速作文的能力（也是日后快节奏的职场所应具备的能力），也能促进学生发散思维、逆向思维的形成。

（三）写作课教学效果的反馈与检测

学生的素养、成就和造化是检测学校培养人才质量的指标，而学生的作品、成果则是检测写作课教学成效的主要依据和参照。高校写作课的教学最终是为了全面提高学生的写作水平，使其适应日后职场多种文体写作、用笔头进行沟通和表达并体现自我价值的现实需要。以学生为主体和本位的写作课教学，还应关注到学生的反馈与表现这一维度。具体说来，即要形成一种推动写作、投稿发表的激励机制，使学生在课余乃至课程结束后，逐渐把"要我写作"变成"我要写作"，使写作成为一种精神寄托乃至终身习惯。

1. 鼓励、引导学生勤于写作

高校学子正处于人生的青春时期，朝气蓬勃，富有激情，感情丰富，憧憬理想，敢于尝试，任课教师要因势利导，调动并利用学生的这种心理特质，使他们挥洒文字，自由写作。鼓励和引导学生积极投稿不失为一种尝试，但这绝不能只是停留于课堂反复强调就可见出成效的。依作者经验看，三点较为重要。

其一，任课教师要以身作则，自身做个文艺爱好者，勤于动笔并常有豆腐块见诸报端，教学中才有自己独特的体验和感受，而不是单纯做书本的"二道贩子"（苍白而乏味），也只有这样才对学生具有说服力和感召力，并且收到样刊后传给学生浏览，分析写作的心路历程。

其二，教师布置班委去现刊阅览室查阅、搜集国内关于写作的主要刊物和栏目的特点及联系方式，及时发放给学生，成为他们投稿的指南，否则只是叮嘱学生写后投稿，他们如无头苍蝇，不知所向。人手一份投稿指南，学生们就有了"瞄准""射击"的靶子。

其三，教师协调院系或班委，根据发表刊物级别和字数进行一定的奖励，既包括物质奖励也不能忽视精神鼓励，例如，有的院校将发表成果作为评定学生平时成就的标准。要不定期汇总学生成果，设置展板予以宣传，这对学生本人是莫大的回报和鼓舞，对其余学生来说也是一种有效的激励。有白纸黑字的铅字作品在手，学生不仅在奖学金评定上有了信心，而且在毕业求职时往往深得用人单位的欢迎，良好的笔头功夫会使学生从众多求职者中脱颖而出。

2. 推动学生参加征文和比赛，设立写作奖

主讲写作课的教师还可协调院系和学生会，推动学生踊跃参加学校组织的各类征文比赛，学生往往在参与中得到锻炼，或者通过获奖增加求职的砝码。只有营造出良好的写作氛围，才能激发出学生的写作热情；只有不断推动学生走向前台，多思多练，才能切实提高学生的写作水平。建议各学院根据实际情况专门设立"写作奖"（正如文学界会设立"茅盾文学奖"一样），每年举行一次，颁发奖金和荣誉证书。一盘散沙是不行的，只有院系重视、积极组织才能调动同学的写作积极性，使培养的学生真正过硬、耐用。

投稿、征文、设奖这三个方面是衡量学生写作水平的砝码，是检测写作课教学实际成效的参考指标。

（四）课余中将写作与校园活动和日常生活相结合

一旦建立起大"写作观"，就需把写作课延伸到日常生活和校园活动，某种程度上，这也是高校锻炼学生写作能力的重要载体。

1. 充分利用校园平台锻炼练笔

大学校园可谓麻雀虽小，五脏俱全，诸如演讲赛、辩论赛、体育比赛、班会活动等各种文艺活动比比皆是，屡见不鲜，此外宣传部管辖的电视台、广播电台更是经常招聘，而各类报刊则多如牛毛。作者的看法是，在执教写作课的同时，多鼓励学生去参加这些文体活动，这远比社团更能锻炼人的笔头能力。在为准备比赛、征文和开幕式而撰稿的一次次实践中，去感受和提高。尤其是去电视台、广播台和各类报刊，成为那里的记者、栏目责编或者主持人，会有各种访谈、组稿、编辑的任务，还有一群可以自由交流思想的热血青年，对学生笔头写作、团结协商、沟通合作等能力都是一种全方位的锻炼。有人建议寒暑假让学生在参加社会实践活动时，多去媒体机构见习，也很可取。由校内走向校外，由小空间走向大舞台，是学生时代的必然历程。

2. 引导学生自己办报

大学校园中很多院系和行政机关（如学生处、教务处）都有自己的话语阵地，它们大量吸收学生来办刊物、简报等，学生可先去那里学习经验，熟悉办报的步骤和整个流程，然后任课教师在条件允许的情况下，引导他们自己办报。从作者在大学期间担任《新国风》等两份刊物执行主编兼记者的经历来看，学生从策划到撰稿、组稿、编辑等很多环节，都离不开写作。这种训练是全方位的，必能为学生日后走向社会在文字工作部门独当一面撑起一片天而奠定基础。

3. 利用空间和博客平台积极写作

当前大学生成长于网络飞速发展的时代，随着传媒业向整个社会的全面扩展和渗透弥漫，他们习惯使用空间和博客进行交流，因此当前写作课教学也可因势利导，引导他们利用这些新式媒介来写作，从而实现教学手段的现代化。博客正以其独特的优势占据当代大学生的心，是学生思考、倾诉、表达的重要平台。首先，建群后教师可常去学生空间浏览，发现学生在写作中一贯存在的不足，及时跟帖或个别面谈以指出问题，既延伸了课堂，也贯彻了"因材施教"的教学理念。

其次，以小组为单位，让学生推荐组内优秀博文，登台宣讲，或分析写作体会和心得。再次，通过博客链接去发现网络世界中的诸多素材、美文，编辑整理后传给每一名同学，发挥集体力量，在共同学习中提高。

时代发展对当今大学生写作能力提出了更高要求和期待，也对高校写作课提出了全新的挑战。在社会不断走向符号化和数字化的今天，高校写作课的教学改革势在必行，虽然外在硬件条件为教改提供了强大而完备的技术支撑，但传统教学观念的根深蒂固，旧式教学方法日趋落伍，在写作课中，要彻底实现以学生为主体和本位的教学模式，还需要一个漫长的过程，以上所思诸法不求完善，但求具有操作性和可行性，如结合各院校实际情况综合使用，必将能改善现有写作课让学生畏惧、普遍不受欢迎、调查评价不高的现状。

我们生活在写作题材、写作方式和传播媒介都发生极大变化的时代，关于写作学课程的教学迫在眉睫。不通过教学改革促进教学方式的变化，则写作学极易变成走过场式的、空洞的说教，失去它在所有写作类课程中最基础的学科地位。在当今办公自动化和微博微信盛行的时代，谁也无法否认写作对一个人成才和发展的重要性。在同等情况下，能写、会写、善写，是一个人基本素质的体现，也是时代对大学生的主要要求。作者曾在课堂举例非汉语言文学专业出身的李开复、白岩松，和因写作闻名天下、如虎添翼的丘吉尔和特朗普等鲜明案例，分析写作对一个人思维、语言、积累、阅读、见识等多方面的锻炼作用。在新时期，写作对人的重要性毋庸置疑，关键是如何通过高校课程教学，来促使专业学生强化"写作"意识，通过写作来表达自己或寻求创新，成为时代所需要的"笔杆子"。

第二节　对比较文学课程教学的反思

比较文学是高校汉语言文学专业在高年级（第六或第七学期）开设的一门重要课程。随着比较文学学科四十年来在国内的飞速发展，此门课程的教学问题也引起很多省份的比较文学学会重视。

一、全球化背景下高校本科阶段比较文学教学新探

（一）全球化背景：多元文化并存和民族身份的认同与增强

随着经济全球化时代的到来，各国之间文化的交流和碰撞空前激烈，世界逐渐呈现出多元文化并生的格局。"文化全球化语境下比较文学研究的基本特征是跨文化研究，它以文化全球化为语境，以新人文精神为指导思想，依据'和而不同'的原则，以有效的对话模式进行跨文化比较文学研究"[①]。因此，新时期比较文学教学在讲解流传学、渊源学、媒介学等章节时，绝不能只注重基本理论知识的传授，也不能刻舟求剑地采用老式教材而不注重作家作品、文学现象背后"多元文化"的拓展。这就要求主讲教师必须不断审视所处的风云变幻的现实环境，立足于全球文化融合、多元文化冲击的格局，以开阔的学术视野来建构学科知识结构，决定教学内容的取舍和对重难点的把握。

1. 学科特点：作家、作品背后的"文化"根基

主讲比较文学必须牢牢立足于作家作品和文学现象背后的"文化"，这是由该学科自身特点所决定的。在文化交流日趋频繁的今天，任何一部作品问世、一种文学现象产生背后，往往是通过纸媒、影视以及移民、传教等多种方式传播到异域他乡，和他国文化产生碰撞、融合与渗透。封闭性地、"自足"地研究本土文学只会走向孤立，在全球化的今天只能成为一种空想。

可见，在进行中、外甚至、国外之间作家作品比较时，立足于其双方文化土壤成为这门学科的一个显著特征。当前不少学者界定比较文学时，常用跨国界、跨语言、跨民族、跨学科等字眼来形容，而跨文化是其中最根本的依据，比较文学研究只有进入到了文化层面，才具有其厚度和生命力。聚焦文学现象背后的文化，其贯彻力度远胜过传统的跨国界和跨阶段。因此，在教学中主讲教师必须具有开阔的学术胸襟，敏锐的文化眼光，善于建构不同作品之间的文化关联，将纯粹的作品上升到文化的高度去进行解读和比较。

如讲到比较文学的"汇通性"时，让学生就《安娜·卡列尼娜》中的"安娜"和《雷雨》中的"繁漪"之异同进行比较（此为"文学比较"），同学们从她俩的

---

① 王占峰，连丽丽.文化语境下的比较文学教学研究[J].长春师范学院学报，2011，30（09）：144-147.

地位与家庭、冲破束缚追求爱情自由的方式与结局等方面详尽盘点和罗列，在此基础上分别将其置于中、俄文化文学中的妇女形象、命运和地位，并结合各自创作时代的文化语境加以汇通研究，上升到已婚女性为追寻爱情自幼冲破家庭而最终背弃的悲剧性主题以及这一主题在中、俄文学中的不同表现来研究，就进入到了作品背后的文化层面（即为"比较文学"）。一切对人物形象的品鉴、对小说写法的分析等，最后都以中、俄文化的不同及其特征揭示作为旨归。如果任课教师在教学中时时处处引导学生在盘点不同作品的异同后，能分析出文学背后的文化传统与文化差异，就基本不会偏离学科的主要方向。

其次，无论是讲到比较文学的世纪特征还是涉猎学科的最新进展和前沿动态，都离不开对全球化时代的一体化和多元文化的讲解。在教学中涉猎比较文学在当前的走向时，少不了对其与时下正火热的文化研究之间的紧密关联进行分析，需要引导学生将学科置于宏阔的世界文化转型的大格局中去审视，需要将作品置于不同国度文化传播、文化碰撞的大趋势中去打量，这必将有助于引导学生深刻理解该学科的"开放性"等特征。

2. 汉族特征的认同：由中国到东南亚

在教学中重视不同国别文化的深层挖掘、中西文化体系的鲜明对比之外，任课教师不应忽略当前文化交流的另外一面：各国都十分注重保持自身民族特征而不是裹挟于世界潮流中丧失了自身的文化个性。发展中国家的知识分子拿起西方后殖民批评的武器，对抗欧洲中心主义和西方现代性。因此，在比较文学教学中宜通过具体案例和反复强调来引导学生形成批判性思维，而不是对外来文化一味叫好，对本国作家作品重视不够。这对成长于改革开放快速发展时期、受西方各种文化熏陶影响极大的 00 后青年学子来说，显得尤为迫切和必要。

如很多学生跟风欧美文学，对本土的亚洲文化较为淡漠，这既与学科视野（多是在中、欧之间比较）较狭窄有关，更与学生长期对东亚文化圈、非洲文化圈、美洲文化圈、犹太文化圈的文学关注和重视不够有关，视野势必受到很大影响。因此，在课堂上，教师鉴于学生对欧洲文学和文化了解较多，可多举例东亚和非洲的文学进行比较与汇通，有助于学生"总体文学"观念的逐渐形成。有学者进行如下分析。

在阐释"影响研究"这一专业术语时，除了以易卜生、卡夫卡对中国文学的影响为典型论据外，还应把日本的川端康成和大三健三郎以及拉丁美洲的马尔克斯对中国文学的影响纳入教学范围。在阐释"比较诗学"时，除了剖析中国古代文论中的"文气"和"风骨"，西方古代文论中的"模仿"和"迷狂"外，还应提及印度文论中的"味"和"韵"，日本文论中的"幽玄"和"风雅"，以及阿拉伯文论中的"技"和"能①"。这无疑为同行教学树立了榜样。只是这样的比较还应加大力度，这尤其需要任课教师在备课上投入大量精力和时间，这对其教学研究都是极其有利的。

（二）视野、思维、方法和能力

自比较文学被教育部列入学科目录正式建制以来，其教学在本、硕、博三个阶段如何贯彻，成为学界关注的一大重心。鉴于比较文学在当前各高校本科生中教学效果很不理想的情况，很多教师提出该课程不适合于本科阶段开设，或者在开设中必须考虑到本科生擅长形象思维的特征、加入大量具体生动实例以软化理论，这激发了众多教师共鸣。作者身为学生时，接受此课教学几乎毫无效果，印象寥寥，近年来接触身边大三大四学生，他们亦有同感。因此，作者认为，当前高校本科阶段比较文学教学，不在于将十几章的诸多内容讲完，不在于教师单向度苦口婆心地传输，不在于选择闭卷还是开卷对学生进行考试和测评，其根本在于如何在教学过程中，通过理论和实践相结合的办法想方设法地拓宽学生的视野、训练其比较思维和分析批判作品的能力，夯实这三项基础，很多其他素质（如通过"学术训练"来锻炼学生的写作能力、比较文学专题的开拓、各种理论的全面掌握和较深理论素养的形成等），皆可放到硕、博阶段去提升和增强，这才是对课程科学、合理安排，对教学目的明确化、对教学定位清晰化的重要前提。

1. 教学中多在打通视域、开阔视野上下功夫

对于本科阶段而言，比较文学要建立切实可行的教学目标，不宜贪多求全、面面俱到，尤其是近年来高校课时普遍压缩、教育部要求增强实践应用性环节当下，这往往是很多老师教学观念没有即时更新、教学方法没有改变的原因。在精

---

① 陈香玉，王占峰.跨文化语境下本科比较文学教学的重要性及原则构想 [J].凯里学院学报，2011，29（04）：150-152.

心挑选部分主要内容、紧扣教学重难点来设计教学过程、规范教学方案之后，主讲教师应把重心放到如何引导学生树立一种开放、融通的学科意识，在思考、分析、撰文等多个方面都具有比较开阔的学术视野，在我们看来，这就牵住了"牛鼻子"。这是基于以下几方面考虑的：首先，比较文学课程虽然多在大三、大四高年级开设，学生具有一定的中外作家作品的积累，但其由擅长感性思维到理性思维的过渡还需要一个训练的过程，突然接触理论性、综合性都很强的课程会很吃力，其学习积极性易受影响；其次，比较文学学科的设立和教学的推进，必须充分考虑到本、硕、博三个阶段的依次递进和各自培养目的，不要盲目将原本属于硕、博阶段培养的目标下移，恨铁不成钢，往往会适得其反。

作者在几届教学中，尝试引导学生培养融通的意识、形成开阔的视野，并取得了初步成效。具体做法有以下数种：一是在举例讲解某种文学现象时，尽可能拓展多个点，形成由点及面的知识网络和思考导向。如在讲到中外作家近似情节、意象等的描写时，举例柳宗元的《黔之驴》围绕驴和虎的关系展开情节，古希腊文学中《伊索寓言》中关于"驴披虎皮"的系列道德寓言外，还可进一步举例印度佛教文学中《嘉言集》《本生记》中关于驴虎关系的训诫故事，这就连贯成一条线，将学生的视野扩展到多个纬度，当然这首先需要任课教师视野开阔并精心备课。

二是就中外某个比较点展开观照时，尽可能引导学生从亚洲、欧洲、非洲、拉丁美洲多个文化圈中去寻觅和分析，打开局面、拓展思路，避免相对老套、陈旧的例子和分析。如讲到中外"比较诗学"章节时，让学生就他们最熟悉的"风骨""风骨"观和欧洲"迷狂""模仿"进行比较，还应涉猎日本文论中的"幽玄"和"风雅"、印度文论中的"味"和"韵"，阿拉伯文论在的"技"和"能"，五个相关点的采集，有助于学生对各国共同"文心"的思考与探寻，有助于他们对"总体文学"的体认。这种跨民族跨国度的多点涉猎，要求学生具备较完善的知识结构，这对推动他们博览群书、对此前各学科知识进行整合也是一种极好的督促。

三是引导、安排学生搜寻、积累，阅读材料时要做到视野开阔，兼顾多家主要的核心材料，而不是浅尝辄止；培养学生以敏锐的眼光去发现和查看材料。如讲到"影响研究"一章后，布置作业让一个小组查找"中国文学在海外"的相关资料文献，学生收集在法国、朝鲜、美国、英国、德国等多国的专著，启发学生再找几本关于"中外文学交流史"的大部头书，每人负责一章，概括主要观点共享。另外一个小组在硕、博论文网上输入相关关键词查找数十篇毕业论文，带领他们去发现有价值的文献，发现文献之间的侧重点和不同切入点，迅速进行鉴别、取舍和提炼，等等。可见，训练学生开阔视野的方式完全可以贯彻到平时的作业实践和同步训练中去。

对于这种多元观照、多角度例析、多国度涉猎的教学方式，远胜过单一、孤立、狭隘的教学方式，对于学生视野的扩大和思维的训练具有深远的影响。学者李达三先生曾指出培养学生的学科"视域"是比较文学的教学目的之一。

由此可见，以宏阔的视野来考量中外作家作品，培养学生站在一定宽度去收集材料，一定高度去思考问题，一定深度去提炼和解决问题，这应是《比较文学》教学的重要目的之一。

2. 对本科生比较文学教学重新进行定位

比较文学和世界总体文学密切相关，作为一门综合性很突出的学科，它要求学习者具有丰富的作品积累和广博的文学现象储备，能融理论于实践，在具体实例分析中去提炼、概括、理解、掌握理论。这些特征决定了此学科的教学不可能在国内所有高校以同样的标准和要求去实施，众所周知，国内高校的软硬件（师资力量、氛围环境等）出现分化：从985到211再到省重点、一般本科，其教学传统和水平能力的各不相同的，因此该课程的教学标准不能够一刀切。不能一厢情愿地把在重点大学实施此门课教学尚且效果不明显的模式照搬到普通院校中去。此外，高年级学生毕业时有考研、就业和出国等多种形式的分流，以学汉语言为例，有毕业去企事业机关从事文员的，有去媒体机构做记者和编辑的，有去中小学做教师的，只有极少数能考研深造，进一步接触较深奥和抽象的各种理论知识，大多数学生在本科高年级阶段获得的只是一种思维训练和能力锻炼，而非知识的苦口婆心传授。

因此，在作者看来，本科阶段比较文学教学应多举实例来启发学生去分析，把大量关于作家作品的案例融入理论中去，软化理论。正如中山大学易新农先生所言："比较文学本身要求研究者具有开阔的视野，开放的多向多层次的思维方式，故应特别注意启发式教学，培养学生比较分析的思维习惯和能力。"[①] 他曾结合自己多年研究成果，举例论析，具有启发性，读者可参考。立足于科研的教学，在启发学生时往往会"活水"不断。融科研于教学，以教学推动科研，实现二者的互动和共赢是作者的一贯追求。

（三）因材施教：针对 00 后学生的教学设计

当前比较文学教学要想上得有收获，一要学生必须在知识和能力上能得到提高和锻炼，二要生动活泼，对学生具有吸引力，充分考虑到 00 后学生的身心特点和接受能力，采用相对直观的教学手段，随时尝试和变换新的教学方法。

1.00 后学生特点的不同是引发教学转变的根源

有比较才有鉴别，对于老教师来说，当前主讲比较文学课程的效果似乎不如 15 年前那会儿，80 后、90 后与当前 00 后因成长环境的不同，求学面貌也呈现出很大的差异。也有学者反映一些高校教师的教学观念滞后，不善于在教学方法上根据学生特点和课时安排做出必要的改变，颇有点"一厢情愿"的味道。在新时期，比较文学教学不仅要备"课程"，更要备"学生"。学生作为学习的接受者，00 后学生成长在社会急剧转型、网络飞速发展、高校普遍扩展、教育走向大众化的信息时代，普遍具有好奇心强、易于接受新事物、思维活跃、个性张扬、比较自我、易接受非主流思想、价值观念多元化等特点，呈现出和 90 后、95 后较显著的差异。因此，上课教师在内容的取舍、节奏的把握、问题的设置、作业的评判等方面，须充分考虑到当前大学生的这些特点。在教学前、后不同环节始终拷问该如何去真正地"因材施教"，对"材"与"教"是否达到了"知己""知彼"的程度，该如何针对每一两届学生特点的不同做出相应的备课调整。

2. 采用影视资料活跃思维，增强直观性，融理论知识入生动的教学案例中

比较文学主要是讲基本原理，在教学上就要特别注意理论联系实际，深入浅出，还应注意教学的生动性、形象性，使学生易于接受。鉴于 00 后学生普遍生活于信息时代，从小就对电子产品感兴趣，对音像视频资料传达出的直观而形象的视图信息极为敏感，在当前比较文学教学中最好尽可能采用一些配套视频资料，

[①] 易新农. 开拓学习和研究的新领域——谈比较文学教学 [J]. 中山大学学报论丛，1999（01）：44-46.

帮助学生理解内容。如在讲到中西文学的相互影响时，适当安排"丝绸之路的开拓""马可·波罗来华""利玛窦的中国之行"等视频资料；在涉及《再别康桥》《断章》《陈情表》及西方大量爱情诗时，同步播放清晰动听的 MP3 音频，瞬间带领学生进入一个唯美的境地。另有教师讲解"跨学科研究"时，安排学生欣赏黑泽明导演的《乱》与莎士比亚的《李尔王》两部电影，然后进行讨论和比较。这些都是可取的教学方式。

不过辅以影视资料辅助教学需要注意三点：一是这种视频资料应作为"点心"不能冲淡"主食"，要精心筛选和剪裁；二是资料和教学内容必须紧密相关，否则冲淡课时。三是平时尽可能储备、积累相关资料，必要时可发动学生，展开资源共享。

3. 课下对学生积极性和主动性的调动

比较文学课程教学固然由任课教师主导和推动，决不能成为老师独角戏，一味在讲坛上灌输，由过去"人灌"变为现在"机灌"。教师的重要职责之一是竭力采用、尝试多种教学方法，调动学生的学习积极性，设置不同活动环节，让学生在学习中体验和感受知识的优美，在动手中实践和总结，从而获得最直接的认知。

比如每章快讲完之前，组织小组准备课堂讨论，学生查阅资料后提炼观点、小组协作后课堂发言、不同观点参与探讨、教师予以引导和总结；比如讲完法国学派的影响研究和美国学派的平行研究后，将班上近 60 名学生分为两组，分别针对这两类话题搜查中外文学史上的经典案例。督促学生根据个人喜好阅读，下来及时查阅资料，每一例写出 300~500 字的提要式介绍，最后汇总后发向全班，在资源共享中训练协作力和表达力，极大地拓展了学生视野。

全球化时代全面到来，这将促使高校本科阶段的比较文学教学做出必要调整甚至改革，以应对文化互动、学生特点诸多方面的变化。只有任课教师平时以身作则，以开阔的学术胸襟引导学生将文学现象和作家作品的比较融入文化层面、竭力拓宽其视野、提高其文本分析力，才把握住了此门课程教学的主要目的；只有在执教比较文学前前后后，心中有学生，善于兼顾新时期 00 后学生的特点与趣味，在教学手段和方式上积极寻求变革，哪怕是极小的探索和尝试（如同步配套一些音频和视频资料等），都可能收到出乎意料的教学效果。

正如"开放性"是比较文学课程的本质特征之一一样，与时俱进地变革教学方法，吸收和采纳新的教学观念，也将成为这门课程应有的基本理念之一。

二、新时期立足于 00 后本科生的高校比较文学教学新探

近 30 年来，比较文学作为中国语言文学一级学科下的一个二级学科，发展极为迅速。无论是编订教材、出版著作还是发表论文、学术交流，都在为这门学科的建设推波助澜。学界曾就中国比较文学 19 世纪末至今的发展历程进行过回顾和总结，就其教学的历史和现状做出过较详尽的梳理。发现国内目前关于比较文学教学的年会就先后召开过六次，单就"学科教学"设立学会并常年讨论，这在中国语言文学下的诸多二级学科中是不多见的。

学界关于该学科教学的讨论文章先后发表过数十篇，探讨较为全面和深入。主要从审视评议各类比较文学教材、分析教学中反映出的问题与不足，就教学进行反思并提出对策、尝试新的教学模式等方面展开。但随着时势的不断变化，尤其是学科发展外部环境的变化和授课对象——学生的更新转换，此课程在教学中会涌现出许多新的问题，需要从教者进一步跟踪和探讨。这里不惮陋见，仅就教授数届学生比较文学课程中的体验与看法、思考与改进做一总结，以切磋于同行、求教于方家。

（一）教师维度：比较文学课堂的主导者

比较文学课堂教学中涌现出的诸多问题，在汉语言文学诸多课程中相对突出和集中。一方面由这门课程独有的性质与特点所决定，另一方面也与任课教师的执教理念、方法以及如何处理教学中遇到的诸多环节有关。同样的课程，在不同学校由不同的教师执掌教学，其效果是大不相同的，学生的感受与收获也大相径庭。教师作为课程的施教者和课堂的主导者，其"比较文学"相关知识的储备与积淀、自身教学素养的增强与提高、课堂教学艺术的掌握与运用等，都发挥着重要作用。这里，结合数载教学体验，仅拈数端以论之。

1. 关键词：广博、师资、备课

按照多年国内惯例，本科高校比较文学课程通常在第 6 或 7 学期开设。作为高校中文系的一门专业主干课在高年级推出，它具有极强的综合性，一方面，需

要"教""学"双方具有很好的理论修养，前期"文学理论""西方文论"等课程学得较为扎实，接受起来才会自然衔接；另一方面，需要师生有大量古今中外的文学作品的积累，对众多作家作品和文学现象极为熟悉，学习起来才会轻松自如。即"比较文学"课程无论是从理论思维水平还是文学知识积累方面，以及二者的结合与运用方面，都对主讲教师提出了较高要求。正因为如此，它已成为高校中文系公认的一门难课，既难教也难学，学生反映较为抽象，理论性很强，超过了其接受预期和能力。这无疑对主讲教师提出了很大的挑战。

而据作者了解，在高校扩招后很长时间里，各高校主讲此门课程的教师多是老教师，中途外出进修或访学，或是由现当代和外国文学的老师兼任，而纯比较文学方向毕业的硕士或博士生根本不够分配（好在近五年来情况已有好转）。不同学科的教师似乎都能沾点边儿，甚至临时上阵，但教学质量能否保证，还要打一个问号。即便是当前硕、博时期攻读比较文学方向的科班教师来主讲，也需要广博地学习，不断地提升和进步，方能胜任此课程教学。这不仅是当前高校几乎所有课程的共同要求，而是比较文学课程独有的性质和特点，它对主讲教师的知识结构、理论思维、学习品质和胸怀视野都提出了更高的要求。我们认为，要想将比较文学课程讲得深入浅出乃至深受学生欢迎，非得平时绷紧"弦儿"在以下几方面多投入不可。

一是要以开阔的胸襟、包容的气度学习中、外各种文艺理论和思潮。在讲到比较文学兴起的世纪特征时，需教师对全球化语境下的后现代思潮有全方位的关注，需对新时期世界多元文化的并起与纷争有所涉猎，也需教师对文学在社会文化多元化的格局中的功用与位置有清醒的认识，这已不单纯是吸纳此前关于19—20世纪西方一波接一波的各种思潮、琳琅满目的各种主义便可应付自如的了。在涉及比较诗学章节时，需主讲教师对中国近代文学批评和西方文学观念，对"五四"时期中国接受外来思潮的历程，以及西方诸如结构主义、解构主义等思潮要了如指掌、信手拈来。教师没有对中西文艺界既往思潮、理论的透彻消化，没有对当前各种理论的一定涉猎，是很难跟上学科发展节奏的，教好这门课也将成为一句空话。总之，比较文学课程需要主讲教师在成为"杂家"的基础上打磨自己的"专长"，既要有中、外广博的知识储备，又要有开阔的理论胸襟。在这方面，建议教师平时不妨多看看《世界文学》等刊物，浏览中国人民大学复印资料中关于西方研究的最新成果。

二是要具备立足于作品，擅长讲故事、进行文本分析的能力。仅懂理论是远远不够的，比较文学课堂教学需大量中外作家作品作为例证，将文本分析融入理论讲解中，学生才能接受得快，不至于产生枯燥、乏味和烦闷之感。如讲到平行研究时，以小仲马的《茶花女》和冯梦龙的《杜十娘怒沉百宝箱》为例展开分析，教师要以精简而富有吸引力的语言讲故事，结合各自的文化体系谈其异同。在讲到中外都创作"吝啬鬼"时，要会绘声绘色地对奥洛克、阿巴贡、葛朗台、严监生等经典形象予以描绘。而且所涉举例最好生熟结合，不能全是学生熟知的陈旧而过时的老套例子（很多在其他课程中涉猎过），只有适当补充一些新鲜的、有说服力的作品和文学现象，学生才会保持学习的好奇心和新鲜感。这就要求任课教师平时广博地阅读，不能单凭网络公众教案和资源来备课，而要有自己的储备和取舍，以自己的眼光去发现，融入自己的理解，同时要在作品的分析和传达（品鉴力和分析力）方面多下一些功夫。

三是在备课上加强投入和付出。比较意识的增强和培养是比较文学课程的教学目的之一。要比较，就必然涉及两个或多个作品、文学现象之间的对话与碰撞，需要对其格外熟悉，既要把握作品，又要吃透理论，尽可能地用生动、活泼的举例形容抽象的理论。这需要主讲教师在备课上大量投入，梳理得清晰些，理解得透彻些，准备得详尽些，不仅课堂上发挥起来从容自如，有滋有味，学生听起来也容易引发共鸣，更有受益。在当前高校普遍依赖 PPT 教学的语境下，教师备课的精细度直接影响到他（她）对教材的准确把握、对内容的深刻理解和对分析的娴熟传达。对所讲章节内容的六分七分初浅把握和九分十分深入理解，所产生的效果是不可等同而语的。此外，诸如课程设计的诸多环节及其效果，无不与备课投入成正相关。在众多高校重科研轻教学的当今，无疑也关乎教师的职业良知。

2. 教学观念：课时少，教材薄，多在教学设计上下功夫

当前高校比较文学课通常在 32~48 课时之间，即便如此，很多高校教师均反映，由于教学内容丰富庞杂，根本无法上完。而近年来随着各高校普遍压缩课时、增强实践教学环节，课时之紧张更加严谨。因比较文学课程涉及发展史、研究方法与范围、影响研究中的流传学、渊源学、媒介学三章，平行研究的主题学、形

象学、文类学、比较诗学四章，以及文学与其他艺术形式、文学与社会科学、文学与科学技术等大量跨学科内容，如果求全部或大部分都涉猎，恐怕64课时也未必能够上完。

因此，从根本上来说这不只是一个课时安排不对称、节次太少的问题，还有关涉教师采用何种教学观念来教学的问题。有学者建议采用建构主义理论来教学。在作者看来，比较文学教学要突破以往主要由教师课堂上满堂灌、学生被动接受的传统模式，改由教师精心进行教学设计，抽讲重难点，布置讨论话题和配套作业让学生通过查阅资料、小组讨论、课堂汇报等方式来进行，要转变教学观念，在教学内容上合理剪裁、学会取舍，在教学方式上积极改革、周密布局。

一方面，所选教材厚薄要适宜，内容要精。比较文学学科发展数十年来，先后涌现出陈淳、曹顺庆等学者编写出的数十种教材，有的内容太庞杂，枝蔓有余而不适合在本科阶段为初学者全面开设，而适合作研究生教材，曾有不少学者就教材的缺陷与不足进行过批评。通过几轮教学实践，深表赞同。对于大三初学者来说，教材务必简明实用，阐释精准，反对将那种纯研究型的著作作为教材，学理性太强，不够简明、凝练，内容和难度均超过了本科生的接受水平和现有基础，让其畏惧，无异于打消了其学习积极性。

面面俱到、十分详备的厚本教材，也不适合，对师生双方都是一种负担。不过教师在备课时需就有关知识进行必要的拓展与延伸，完全可以多方查找，多种教材兼备，海纳百川。尽管如此，也不应有啥都要讲到、一章不漏的念头，须知"样样皆抓样样跨、样样皆通样样松"，贪多求全往往导致嚼而不烂，生吞活剥在所难免。作者经多方比较，胡亚敏主编的《比较文学教程》厚薄恰当、简明实用，是诸多教材中较为适合的一种。

另一方面，转变教学观念需任课教师对教学内容进行精心设计、对教学方式积极改革。鉴于高年级中文本科生的教学目标是初步确立"打通"的意识，培养起一种开阔的眼光与审视问题的视角，对于一些相对抽象或过于晦涩的内容不妨进行适当取舍。如跨学科研究中，文学与音乐、绘画的关系，因联系紧密且较受00后学生的关注，可详讲、多讲，而文学与宗教、哲学和心理学等内容在文学原理课程中有涉猎，为防重复可直接省去，放到硕士阶段去深化，或布置作业让学生去查阅资料后展开讨论；又如平行研究中的"形象学"和"主题学"在平时学习中会大量遇到，属必讲，而比较诗学关乎中外文学理论（原本理论色彩就很浓厚），可略去，置于硕士阶段再设专题展开。文类学中关于中、外文类的理论及其发展等内容，可略讲，涉及文类的缺项时，不妨以"中国古代有没有悲剧？""汉民族有没有史诗？"作为话题，抛出让学生讨论。这样既节省课时，也给学生预留了一定的学习空间。

（二）课堂维度：学生锻炼和提升的阵地

在学界盘点当前比较文学课程教学中遇到的各种问题时，普遍认为"未曾接受过课堂教学的学生，不明白比较文学为何物；有课堂安排但终因无力投入学习的学生也只能'走过场'。整个比较文学教学，形式也好，内容也罢，都难如人愿。距离必修课实际要求甚远，与学科发展的需要相差很大[①]"。显然，当前我国高校比较文学课程教学效果并不明显，亟待改进。作为学生习得知识、锻炼思维、培养能力的舞台，课堂这一维度绝不可忽视。

1. 教学安排

比较文学课具有综合性特点，在理论素养和作品积累方面对师生都提出了很高的要求。正如中国比较文学学会副会长、北京师范大学文学院王向远教授在《比较文学课程的独特性质与功能》的报告中指出，比较文学课程有两个独特的宗旨和功能，第一是"打通"，即将中外文学史课程联通起来，将文学史与文学理论贯通起来；第二是"封顶"，将此前的课程知识加以全面笼罩、覆盖、综括、整合和提升，使之形成一个立体的知识理论构筑，这样才能使比较文学课程教学达到最优效果。因此很多本科院校放在高年级开设，具体学期学界争鸣不一。

我们认为，课程安排应根据学校培养目标和实际情况而定。从我所在单位的几届实践经验来看，本科因大一开设大量的平台课，学生接触专业较晚，比较文学开设在第七个学期，虽与学生考研复习、就业求职等相冲突，但只能如此，否则靠前则古代文学和外国文学都没上完，学生容易听得云里雾里。而独立学院无平台课干扰，一上来就进入专业课程学习，则此课程开设在第6学期，学生有很好的前期课程作为衔接，基础较扎实，亦无他事纷扰。

一般说来，比较文学在本科阶段最迟不宜晚于大四上学期，各高校应据情况

---

① 蒋芳．对本科生比较文学教学现状的思考 [J]. 遵义师范学院学报，2005（03）：23-26.

进行教学调整，做出灵活安排。比较文学和中外文学类、文论类课程联系紧密，有此铺垫后接受起来才不会很隔阂。

2. 添加具体的实践教学版块

比较文学课程相比现当代文学和外国文学或阶段文学而言，具有浓厚的理论色彩，学生普遍反映教材的理论性太强，过于抽象，他们的现有知识结构同教材的要求之间明显存在一定差距，因此学习难度较大。比如理解可比性，影响研究中的负影响和反影响、超越影响和回返影响等，需要学习者具有较强的理论思辨能力。因此，为避免课程让本科生望而生畏或敬而远之，建议在理论教学中适当多添加一些具体实践教学板块，一方面，缓和抽象理论本身带来的板滞和生涩，将理论化入实践教学中，起到润物细无声的效果；另一方面，有助于在具体实践中培养学生"活学活用"的迁移能力，学会运用书本理论解决具体实际问题，是一种必不可少的专业素养。

具体的实践教学需要主讲教师精心设计，形式可以多样化。如课堂布置难易适中的思考题，供学生当堂讨论，如讲到中西作家笔下的"异化"主题时，选择蒲松龄的《聊斋志异·促织》篇、弗兰兹卡夫卡的《变形记》和尤涅斯库的《犀牛》三个典范文本，激发学生的思考与分析，从中得出一些理论性甚至规律性的认识。又如阐发理论中结合大量生动、活泼的举例，我们在讲到中西爱情诗的对比时，可选取李白的《春思》《怨情》和莎士比亚的"十四行诗"作为典型来切入。

又如采用"问题"导向法来教学。通过设置一个个的"问题"来引导教学，每一章内容、每一节课堂不断地穿插预设的"问题"，引发思考，促进分析。如讲到平行研究时，开篇抛出《浮士德》和《西游记》异同分析问题，过渡到对此概念内涵和研究范式的分析，学生有了感性的作品认识后，对于理论呈现也就不那么淡漠和抗拒了。

3. 教材要简化，并适当添加辅助材料

当前国内比较文学的教材如雨后春笋，参差不齐，学界对其不足进行过全面的总结和分析，一致认为教材应视不同阶段区别对待，不能把很多属于研究生阶段的内容提前移到本科生，区分初学、了解和专题、升华等层次。其次，本科生比较文学教材不能太厚太庞杂，过于学术化不便于讲解。最好的教材是内容适宜，凝练简洁，理论阐释与实践锻炼获得某种平衡。

（三）学生维度："恶补"功课之后的超越

学习的主体性发挥和潜能挖掘、兴趣激发最终落脚点都在学生。要想扭转在校学生对比较文学学习困难或听课后收获不大的局面，或医治该课程与语文教学脱节失去了其指导性的不良症状，"学生"方面是不能不考虑的重要维度。当前关于此门课程的教改文章很少从"学生接受角度"谈及当今的学习者应该如何做，该有哪些准备，这里作者仅举数端，权当抛砖引玉。自古以来"教学相长"，一门课程的教学效果绝非仅有老师单方面所决定，作为高年级本科生，作为学习的主人翁，亦有勇于自律、严格要求和配合改进的学习责任。

1. 应与课程同步，配合所讲内容补习中外典范文学作品

当前00后学生都生活在信息时代，擅长读图，对经典作品涉猎极少，甚至敬而远之。有的学生三年专业学习下来，在修完中国现当代文学后，居然连鲁迅杂文以及《日出》《家》《子夜》《骆驼祥子》等典范作品都没看过；在修完《外国文学》后，对歌德、雨果、狄更斯、托尔斯泰等世界一流作家的认知还停留在教材的阐述之中，而对《浮士德》《战争与和平》《双城记》《复活》等作品压根没摸过。稍好一些的则用读图（如影视等）来代替读原著。这几乎是社会急剧转型时期整个浮躁时代风气向校园浸染的必然结果，亦是一个时代的悲哀！一些学生陷入误区，认为大一大二文学史的课程上完，考试一结束，读作品的任务就告一段落。我们常在比较文学课程讲到某些作品（认为应当是汉语言文学基本了解和掌握的）时，被学生们不断地摇头和一脸茫然的表情所惊讶和震撼。于是在接下来数届教学中，都不断地穿插性地规定学生应读的基本篇目，算是对学生提出了一定的"恶补"文本要求。比如在讲"影响研究"之前规定篇目，让学生提前研读鲁迅的《狂人日记》和契诃夫的《第六病室》、果戈理的《钦差大臣》等（这时教师必须善于设置一定的检测方式）；讲到"平行研究"之前，让学生研读沈从文的《边城》和威廉·福克纳的美国乡土小说；讲到"描写女性之美"时，鉴于学生对汉乐府《陌上桑》中描写罗敷较熟悉，布置篇目让学生研读《伊利亚特》和《安娜·卡列尼娜》中关于海伦和安娜的肖像描写等。这样随着章节教学的推进，不间断地引导学生直面文本研读作品，一方面为理解消化学科相关理论知识打下基础，不至于空对空；另一方面促使学生在考证成风、学习陷入急功近利境地的态势下，尽可能形成某种良好的阅读习惯。

而作为学生，也应在教师的不断强调和引导下，转变观念，恶补作品。对中外文学史上经典作品的涉猎绝不只是为了完成作业任务，而应从增强人文素养、拓宽知识结构等层面，力所能及甚至夸父逐日地研读一流的、经典的作品，既为日后职场提升个人内涵服务，也为大四考研深造打下基础。与此同时，任课教师还可呼吁、倡导学院采取读书节、读书报告会等形式，积极为所有中文学子营造"好读书、读好书"的良好读者氛围。

2. 训练视野和思维：比较意识

在反思此门课程难教难学、学生收获成效并不显著之时，学界均不赞成将本科阶段的比较文学课讲得过深过全，把原本属于硕士阶段的教学内容提前以显示其"专业性"。很多同行认为应重新审视当前高校本科生的比较文学教学目标。

一方面，学生的学习视野空前打开，不再是局限于一隅，或者画地为牢、故步自封，对世界文学的总体格局有一种全新的体认，有助于形成以宏阔的眼光观察现象和分析问题的基本能力。

比如，在比较中西两个主要维度的文论时，除剖析中国古代的"文气""风骨"范畴外，西方的"模仿""迷狂"说和日本的"幽玄""发芽"，以及印度的"味""韵"、阿拉伯的"技""能"等也应有所涉猎和比较。尤其是对于日、印、阿三方的引入，将能极大地拓宽学生的比较视野。

另一方面，在学习流传学、渊源学、媒介学等章节时，学生逐步学会思辨地看待不同事物之间的差异与联系，就其异同进行辩证分析和评判。这种比较意识和能力在这门具有"封顶性质"的学科中，远比在其他课程中贯彻得更为坚决和彻底，对学生的引导作用也更大。如果这些课程能够抓住"扩展视野""比较意识"两个关键词，也就成功了一大半。

3. 督促研读教材，揣摩体会，提出问题

据作者多年观察和了解，当前高校比较文学课程成效不显著的一个重要原因是，学生对教材置若罔闻，不予理睬，根本不下苦功夫细读和揣摩。这几乎是高校各年级的一个通病，很多学生——尤其是新时代的95后、00后们，进入大学后不懂得读教材，不擅长于记笔记，过于依赖手机拍摄和任课教师现成的PPT（考前打印抢背），课程结束时教材基本上还是崭新的，学生仅仅满足于课堂45

分钟的老师讲解（何况听课还要大打折扣）。作者从第一节课开始，就不断强调大学阅读原典和教材的重要性及必要性，并规定每隔数周后由学习委员收齐《比较文学教程》，翻阅后为学生评定平时成绩，以此方式督促学生下来同步研读教材，并欢迎学生就疑难问题提出来集体切磋和讨论。作者执教的比较文学课程的班级，每届学生的教材都是要"黑边"的，随便打开书籍，字迹勾画和眉批旁批必然密密麻麻。这种方式结合课后作业、课堂讨论等，成效显而易见。大三、大四选择学年论文和毕业论文选题时，以比较的方法研读作家作品的选题高居榜首。

第三节　汉语言文学存在方式的转型探析

一、从审美创造到复制生产

文学的创作方式由审美创造到复制生产的改变，标志着文学从艺术作品到精神产品的转型。文学不再是作家对生活进行体悟、深思后的艺术创造，而沦为一种机械时代下的简单复制。这种复制将导致文学的神圣性、批判性、唯一性丧失，文学最终的归宿只是作为一种产品而已。当下中国的文学审美教育，尤其是文学教育真切地诠释了文学作为一种产品的概念。文学教育的功利化、模式化导致了文学教育的异化。当下的中国文学离人越来越远。人们，尤其是年轻人对文学的期待和关注越来越低。

（一）机械复制时代下的文学生产

文学对现实的再现、反映，乃至发现、反应，都体现出文学所构筑的是人类栖居于世界的情感家园。作家们通过审美创造的方式创作出人类历史上灿若星云的文学作品，这些文学作品所代表的审美价值象征着人类对于未来的祈求。尽管历史上的文学作品千千万万，但是能够在穿越时空之后，仍旧得到当下人们追捧的文学经典总是寥落可数。然而，这种大浪淘沙式的文学传播方式到了当下就发生了质的变化。新媒体对文学传播提供的强大技术支持，使得文学作品对于普通人来说，不再难以获得。特别是博客、日志等网络泛文学形式的快速发展，使得全民都能够轻而易举地拥有创作文学的权力。面对当前极度发达的出版传媒业，文学作品包括传统文学、网络小说、青春小说、玄幻小说，乃至于一些泛文学类的情感、时尚读物的海量涌现，使曾经长期横亘于普通读者和精英文学之间的鸿沟被填平。

这种距离感的丧失，让当下的读者感觉到文学作品是如此容易获得，甚至他们自己本身就是文学作品的创作者。当下的文学作品在大量复制和传播的过程中，虽然能够使文学的价值得到几何级的扩散，但是也由此导致了文学作品丧失了它的"即时即地性"，即文学的"原真性"，并因此引发文学作品"光韵"的沦丧。按照本雅明的观点，"光韵"指的是"在一定距离之外但感觉上如此贴近之物的独一无二的显现"[①]。当下文学带给人们的这种极易获取的占有感、满足感，彻底解构了文学作品的独一无二性，文学的"光韵"和神圣遭到了彻底的颠覆。数量如此庞大的文学作品堆积在世人的面前，尽管有人认为这是文学欣欣向荣的表现，但是对于那些早已失去阅读耐心的读者来说，他们不免要质疑：文学还需要审美创造吗？抑或是当下的文学就是一种机械复制？当下文学从创造性的审美转变为机械性的复制，文学作品也就从一种深度的艺术作品沦为简单的精神产品。

（二）被异化的文学审美教育

从审美创造到复制生产，传统文学的审美性、创造性、神圣性遭到了彻底的颠覆。而让传统文学的命运更加雪上加霜的是当下的中国文学审美教育已被异化。相较于其他文学作品的特点，比如科学、历史材料强调真实客观，传统文艺作品特有的虚构性、审美性、象征性要求接受者对文学作品的形式、语言、内涵有着特别的接受心理和审美习惯。纵观中西文学发展史，对接受者尤其是广大青少年进行规训和审美教育不仅是提升国民人文素质的需要，更是文学得以接续和传承的重要前提。然而，在当下的中国，作为培育中国文学后续力量的文学语文教育已经被异化成一种功利化、政治化的工具。

进入新时期以来，人们对我国教育制度的质疑就不绝于耳。尤其是随着素质教育理念的新兴，人们更是深刻反思长期以来以高考为旨归的应试教育的弊端。尽管在当下不论是教育专家还是普通家长，对于教育到底是培养一个"高分制造

---

① [德]本雅明，王勇才译.机械复制时代的艺术作品[M].杭州：浙江摄影出版社，1996.

者"还是培养一个全面发展的"人"，已经取得了广泛的共识，但是不得不令人正视的是素质教育的理念还远没有深入人心，教育规划者所制订的以培养"人"的教育方针并没有得到彻底贯彻实施。在以应试为主要目的的教育模式中，原本以培养人的审美能力的艺术教育，被异化成获取加分高考资本的工具。然而当家长们窃喜孩子获得各种艺术等级证书，又多了一条通往名牌大学的捷径时，他们不知道孩子缺乏文化底蕴的支撑，缺乏人生经验的历练，如今艺术已经衍化成可机械复制的技术。

作文这种原本需要依赖人生经历和审美体验才能获取一定高度的文学形式，已经被宣扬和教唆成为只需依靠特定的技巧和模式就能达到"完美"。而且更令人担忧的是，一大批语文教师由于自身视角的偏狭，对学生的作文进行过多的道德绑架和政治教化，使学生写作方式陷入模式化、概念化的深渊不能自拔，作文原本应彰显的美感、情感、灵感被异化成机械僵死的道德政治教条。

（三）当下中国文学与青年的自由

这种严重功利化的文学审美教育不仅导致了年轻一代文学素养的低下，更使得文学自身离年轻一代愈走愈远。而且，当下的文学还存在着一个极大弊端"许多作家和作品在回避我们的现实""脱离正在发生如此巨大变革的中国现实"。在以"60后""70后"作家为创作主体的纯文学那里，当下中国文学所描绘出来的文学图谱，绝大部分的时间线还停留在20世纪80年代以前，甚至更早的70年代以前。他们对于中国当时的书写，几乎都是基于自己的回忆和想象。也就是说，他们笔下所呈现出来的社会与当下飞速变化发展的中国现实有着某种隔膜。尤其是对于"90后""00后"年轻一代来说，由"60后""70后"作家回忆和想象出来的文学世界，并不能让他们产生切肤的真实感和亲切感。而且在直面升学、工作、住房、婚嫁等生存困境时，当代文学并没能给长期生活在精神和物质双重重压下的"月光族""蚁族"以精神上的寄托和慰藉。当下的纯文学，不仅以青年生活为题材的文学作品少之又少，而且以青年为主体的纯文学作家更是寥寥无几。在整个中国作协的成员构成中，代表年轻一代的"90后"作家，除了早年被作协"收编"的郭敬明以外，实在"乏人可陈"。当下的纯文学已经出现了文学不关心青年、青年不关心文学的状态。文学离年轻人越来越远，离人的自由也越来越远。

尽管马克思、恩格斯曾多次强调文学的发展与经济基础之间存在着不平衡规律，但是时下的中国文学却在真实地上演着经济基础决定上层建筑，理想无法照进现实的真实。

二、从道德的象征到消费的象征

文学从审美创造的艺术作品转型为机械复制的精神产品，使得文学将不再承载意识形态赋予的历史与政治价值。随着消费主义时代的来临，作为文学作品消费端的读者的身份得到了空前的提升与尊重。自此，文学生态领域内由作家、评论家、读者三股力量保持的平衡被打破，消费最终完成了对文学市场的天下一统。文学生产机构所倾心关注的也不再是文学本身所持有的诗意价值，而是文学作为消费品所潜藏的商业价值。文学由作品到产品，再到商品的转变，标志着文学不再是道德的象征，而是消费的象征。

（一）消费时代的艺术秩序

正如波德里亚断言的，"从来没有哪一个时代能像今天一样，在人们的周围急速增长着由服务和物质财富所构成的惊人的消费和丰盛现象[①]"。当下的人们"不再像过去那样受到人的包围，而是受到物的包围"。物质财富和服务的极度丰盛带给人们的不仅是享受的快捷，更重要的是它带来了一场人际关系的变革，它瓦解了长久以来以权力为纽带的人际网络。消费的横行，抹平了过去人们在权力关系上的差异，建立起了商业社会里以消费为准则的交往秩序。这种新的平衡完全模糊了人与人之间的关系，而唯一得到凸显的是人与物的关系，即消费者和商品的关系。世界上的一切物质和个人，都能够在这个二元交易的模式中找到自己的定位。消费就像一张巨大的弥天之网笼罩了整个时代——要么作为消费者，要么作为商品，除此之外，别无第三种角色可供选择。任何事物都能找到其存在的商业价值，成就了当下消费时代的神话。这种消费的力量是这个时代最隐秘，但是却又最无法阻挡的势力，它对人们的诱惑就像迷药一样令人眩晕。

巨额的经济效益几乎可以横扫一切话语禁忌，它呈现给人们的虽然是赤裸的金钱，但是它留给当局者的却是直白的快感。因此，当代艺术，包括文学在内都

---

① 李雨燕.当代中国消费主义及其超越[M].湘潭：湘潭大学出版社，2021.

无法回避这个最现实的语境。在消费社会里，早就沦为精神产品的艺术遭到了再次贬值——由精神产品沦为精神商品。尽管在消费时代来临之前，艺术和美一直被学者们认为是超功利的。为此，德国哲学家康德还专门在《判断力批判》中辨析了美与善、美与快感的区别，并以此来强调艺术和美的超功利性。但是当消费时代真正到来，艺术却无法对抗如此强大的潜在力量。因为，"顾客是上帝"是消费时代中千金不换的市场准则，消费者对精神商品的选择决定了艺术很难坚守自己的原则。眼下，一个以消费者和商品为核心建立起来的游戏规则，号令了整个艺术市场，并将重建整个艺术领域内的秩序。

（二）先锋艺术的"末路"

消费重建首先是先锋艺术的秩序，使得曾经风靡一时的先锋艺术走向"末路"。作为中国先锋艺术的代表，摇滚乐曾经在 20 世纪 80 年代引发了一股热潮。但到了 90 年代，指斥为时代弊病，挖掘人类心灵，浇筑理想家园的先锋艺术随着消费主义带来的世俗化而化为一场迷梦。先锋艺术在消费时代走向"末路"的还不止摇滚音乐一家，曾被文艺理论界寄予厚望的先锋小说遭遇了同样的命运。

在当代文学步入世纪年代，一向被学者们认为是代表着中国文学未来的先锋小说似乎在一夜之间崩溃。以马原、李冯、余华、刘震云为代表的一大批先锋作家，包裹着他们的锐气和锋芒，从文学的实验场中纷纷撤退下来。先锋小说从反叛传统开始，但最终的归宿却只能再次回归到传统的文学秩序。而此前，先锋小说却因为不断尝试艺术形式的实验，而成为文学领域内最为超功利的代表，更被人们尊崇为思想与深度的标杆。尽管绝大多数受众对于先锋小说的理念和形式都有一种前所未有的陌生感，但是这并不妨碍他们对于先锋小说的追捧。或许，先锋文学向人们叙述的不是有待解读的文字与形象，它只是在树立一种与世俗永不妥协的精神姿态。造成先锋小说集体溃退的原因是多方面的，其中固然有过于追求形式上的前卫性、反叛性，使得先锋小说更像是西方文艺理论与中国本土语言的嫁接品。但最重要的在于，无论是先锋作家们，还是曾经给予先锋文学鼓励与支持的文艺评论家们，都没有意识到当代中国文学是一个被读者消费的文学。

（三）被消费的文学

准确地说，当今的文学是被读者消费的文学，消费者才是文学隐在上帝。纵观当下的文艺生态圈，存在着三股力量——作家（包括传统意义上的作家和游离于文坛之外的网络作家、青春写手）、文艺评论家、读者。这三股力量分别代表着三种话语权力在文学的名利场中进行博弈。其中，作家、文艺评论家在以往的文学活动中拥有绝对的话语权，他们长期凌驾于读者之上发号施令。一直以来，是作家和文艺评论家在给作为文学消费者的读者限定阅读的内容和方式，他们早已习惯了充当读者的启蒙老师和引路人。在作家和文艺评论家的引导下，读者也早已习惯于精英话语对于他们的规劝与训导。主动地给予和被动地接受，这是20世纪90年代以前中国当代文学的生态秩序。但是这种秩序在消费时代来临的时候开始发生剧烈的变革，作家、文艺评论家、读者三者架构的生态平衡，由于消费者身份的提升而被彻底打破。在以往的文学活动中一直处于失语和缺席状态中的读者，一夜之间突然暴长为文学的上帝。读者的审美趣味、接受习惯成了文学活动的风向标。读者是否愿意掏钱为文学作品买单，决定了包括作家、出版社在内的文学生产环节的态度。比如，当下的一大批出版公司就根据网络小说在文学网站中点击率的高低，来决定出版哪一部作品。这种话语权力的突然倒置，让习惯处于文学上层的作家和评论家感到了一种无形的压力。然而他们依然不愿意进行角色的转换，他们依然可以斥责某些作家的背叛、某些出版商的媚俗，但就是不愿意直面文学秩序的变革。然而正是这种文学秩序的变革和文学地位的颠倒，造成了包括先锋小说在内的传统纯文学的"末路"。

进入崭新的21世纪以来，中国当代文学的命运并没有因为跨过世纪的门槛而有所改变。文学对于普通大众来说依然还是那样无关痛痒，文坛和文艺理论界也依然没有足够的勇气直面当下文学的惨淡。新媒体的挤兑、网络文学等新兴文学的冲击，并没能从根本上完全扭转文艺理论界对于文学观念的偏见和执拗，而纯文学则依然以其鸡肋的身份行进在困窘的旅途之中。质疑、回避、激辩，都无力挽回文学在20世纪年代的春天。或许，只有直面新媒体、娱乐消费、读者的重重逼问，才是纯文学在眼下最现实的宿命。然而，问题毕竟不在于解释，而在于改变。面对中国当代文学的惨淡现状，需要的不是文坛和文艺理论界的集体沉默，而是全体文艺工作者的相互扶持与共同努力。本书的意义就在于警醒人们，当下的中国文学理应受到大家重视和焦点关注，不在于持续争论文学的本质究竟是什么，而是改变当下中国文学现状的出路和策略是什么。以下为作者的一些建议。

1. 直面现实，树立以当下为基点的文学创作新方向

回避现实、拒绝当下，正是造成普通大众，尤其是"90后"年轻一代疏离传统纯文学的重要原因。因此，要改变这种现状，纯文学就必须直面现实，树立以当下为基点的文学创作新方向。首先，纯文学必须实现作家视线上的转移。尽管当下的纯文学作家依然是以"70后""80后"作家为主，但是这并不意味着整个当代文学的表现对象也要以20世纪80年代以前的事情为主。文学不应该只是一度沉迷于回忆和想象之下的闭门造车，作家对生活的体察应该有着和当下人一样的切肤之痛，而不是经过专家的"体验"臆想出来的。而且就人生的历练和写作水平而言，"60后""70后"作家的确要远比"90后""00后"作家成熟。因此，如果传统作家们能够将他们的视线转移到当下，那么由他们所书写的现实图景就又要远比"80后""90后"沉迷于虚幻的浪漫来得真实。所以，要求一部分，乃至绝大部分传统作家，将他们文学创作的视线聚焦到纷繁复杂的当下。当代作家创作的当代文学作品，应该是他们通过对当下社会切身的体悟和反思后的产物。其次，纯文学必须实现作品题材上的转变。当下纯文学的弊端不仅在于绝大部分传统作家们将视线定格于21世纪年代以前，更在于他们对于当下现实的回避，尤其是缺乏对当代年轻人生存困境的关切。在当代纯文学的表现题材上，绝少作品是以当下年轻一代的现实为主。然而纯文学唯有直面这个时代的人民，尤其是年轻一代的真实苦痛，才能得到普通大众的认可与拥戴。因此，在一定程度上放弃对传统题材的关注，而将纯文学表现的重点聚焦于当下人民的生活，尤其是郑重关切"80后""90后"年轻一代在物质和精神上的困惑与迷茫，纯文学才能走出与当下以及年轻一代无关痛痒的窘境，从而最终得到当下人们的谅解与支持。最后，纯文学必须实现文学批判精神的回归。作者认为任何时代的文学，都应该是在对自身所处社会的沉思和批判当中提炼出来的。对于社会的弊病和不正当现象，文学不应该缺席和失语，而应该对当时社会的纷乱与复杂进行反思和批判。当下纯文学回避现实、拒绝当下，而且常常沉迷于对个人权力和欲望的不断渲染，说到底是由于文学批判精神的失落。当然，我们不要求，也不寄望于当代文学能

够实现对时下人民的思想启蒙，但是传统作家们却应该重新拾起批判的精神和勇气，敢于以文学的武器批判现实的弊病。只有实现了批判精神的回归，纯文学才能够像一盏人性的航灯，引领人们走向真、善、美的彼岸。唯有这样，也只有这样，纯文学才能重塑自身在当下社会的公信力，成为人们在烦闷与绝望时，仍然可以信赖和栖居的精神家园。

2. 回归大众，构建以读者为中心的文学生态新秩序

在当下的娱乐和消费时代下，纯文学的传统生态平衡已被打破，读者成了当下时代里抉择文学的"上帝"。目前这种文学秩序的失衡，还没能得到文坛和文艺理论界的高度重视。甚至还出现了文学批判家、作家和读者三方之间的意气之争与相互指责。这种混乱的文学生态环境，如果任其长期发展下去，必然会带来文学的内耗与损伤。因此，必须重新构建一个文学批评家、作家、读者三方能实现良好互动的文学生态新秩序。而鉴于读者对于文学存在的绝对意义，所以重构后的文学生态秩序必须以读者为中心。在这个新型的文学秩序中，首先作家要找准自己的定位。作家们应当明晰在数千年的人类文明史中，文学一直是与人类的理想和精神家园休戚与共的，文学守望的是自由和美的诗意王国。因此，作家始终所要坚持的应该是文学精神的独立，尤其是批判精神的独立。文学始终应当坚持"诗性"的精神追求，而不应该堕化为纯粹的肉体愉悦和感官刺激。其次，文学评论家们要切实地担当起文学健康发展的鞭策人。评论家们所做的文学批评不应该是应景式的廉价吹捧，也不应该是西方文艺理论辞藻的简单堆砌，真切的批评应该是基于对整个当下文学现实和文学作品深思熟虑后的真知灼见。文艺评论家必须真正承担起对当代文学的砥砺和鞭策，以使大众的趣味不至于沉沦到低俗和恶心的地步。但必须指出的是，21 世纪的文学大众不需要莫须有的"精神之父"，他们的审美选择也不需要进行专门的"把关"。文艺评论家们必须放下自己的身段，和读者站在同等的位置展开良好的互动。最后，尊重读者的选择。在重构后的文学新秩序中，读者的地位应当被重新看待。作家的创作、文学评论家的评论都应当以读者为中心，评价文学作品是否成功的标准，应当是文学是否真切地表现了读者的苦痛与欢乐。文学应当永远是为人民服务的，所以对于读者在高雅和通俗的选择上应该给予充分尊重。更何况关于文学的通俗和高雅之分，在历

次的争论和激辩中从来就没有达成过共识，更别说每个时代定制的文学观念和文学标准还在不断发生变动。而且将文学硬性区分为通俗和高雅的做法，无法形容那些能够超越历史的文学作品的价值。因此，对于读者的选择，我们不妨坚持多元的文学观，多一份包容与尊重，结果可以由人民与历史来共同裁决。除此之外，对于文学的外观、文学的形式、文学与大众传媒的结合等等，不应当过于吹毛求疵与求全责备。也只有这样，文学才能在理想与市场的双重博弈中找到自己的平衡点。

3. 面向未来，重建以审美为旨归的文学教育新体系

艺术审美教育的异化，包括语文作文教育的概念化、机械化、模式化是目前审美教育领域内不容忽视的顽症。因此，直面当代中国文学在接受与创作上的双重困境，文学必须面向未来，培养以青少年为主体的接创队伍，重建以审美为旨归的文学教育新体系。

总之，当文学勇敢地直面现实，真切地关注到当下人民的苦痛与欢愉，当作家、文学批评家、读者三者之间不再相互埋怨和指责，实现真正意义上的对话，当以审美为旨归的文学教育体系被重建起来，以青少年为主体的文学接创队伍被培养起来，当代中国文学就可以劈开危机，走向未来。一言以蔽之，一个民族的诗意和理想需要文学的托举和鞭策。21世纪的中国文学留给后世的不应该是一个卑微前行的落魄者形象，而应该是一个披荆斩棘的开拓者形象。

第四节　汉语言文学发展的困境与机遇

一、当前网络环境给汉语言文学发展带来的困境

（一）网络流行语给汉语言的发展带来负面影响

新媒体给汉语言带来的冲击和挑战是汉语言文学专业发展必须要思考的一个重要问题。新媒体的发展使得网络流行语大行其道，促进了网络群众交流和沟通，丰富了人们的交流形式和效果，丰富的网络语音在很大程度上促进了现代汉语的

发展和词汇量的增加，给我国现阶段的语言发展带来了翻天覆地的变化。丰富的网络语言对现代汉语的发展和词汇量的增加具有积极的作用，使得现阶段的语言发展经历着翻天覆地的变革。但是从另外一个层面上来讲，网络流行语展现的是年轻人的个性和独特性，在表达方式上独具一格。相较于传统的语言来说，网络流行语在表现形式上更加符合网友们的内心感受和内心情绪，更容易引起广大受众的理解和关注，极大地丰富了语言文学的内涵和发展趋势。近年来流行的咆哮体和校内体语言恰恰体现了网络流行语的多样性和丰富性。

（二）信息受众和地位发生了本质的变化

在新媒体时代，网络语言的使用使得信息的受众和地位都发生了很大的转变，这使得网络平台和传统的信息交流平台扮演的角色存在着本质上的差异。在传统的汉语言文学教学之中，学生作为受众一直接受的是大众媒体传递的信息，这是一种单方面的信息传输，受众难以和传播媒体之间进行平等的、充分的沟通和交流，受众想要发声既没有渠道也没有权利，新媒体的使用彻底地颠覆了这一点。另外，网络流行语的快速发展使得人们的语言习惯和书写习惯也发生了重大变化，在当今时代人们已经习惯了用电子书写的方式进行交流，对传统纸质媒介的依赖感和尊重感大大减弱，当前人们普遍存在的一种现象就是提笔忘字，"稀饭"这个网络流行语表达的是喜欢、喜爱的含义，它流行的就是因为他们在电脑上打字错误造成的。汉语言文学的发展在人们对电子媒介的依赖程度日益加深的前提下受到极大的阻碍，当人们不能从纸质媒介中感受汉语言文字和文学的内涵时，汉字独特的魅力也就难以展现。另外，当前媒体表达的把关人尚处于缺位状态，网络传播自媒体化倾向日益明显，每一个在网络上的人都渴望自由地表达，但是从目前的情况来看，网络传播内容谣言化趋势日益明显，微博和微信等传播媒介在信息传播时通常顾名思义、断章取义，导致信息传递不真实、不完整、不严肃，这就会给受众带来消极的负面影响，网络上的垃圾信息和碎片化的信息会让受众的思维方式也变得碎片化，导致人们在思考问题时缺乏逻辑和深度，这不利于汉语言文学思维方式的延续和发展。新媒体的受众群体大多是90后、00后的年轻人，他们已经成为或者即将成为社会发展的中坚力量，碎片化的思维方式直接阻碍了汉语言文学人才的培养。

（三）汉语言文学教学和现实生活脱节

在汉语言文学教学过程中，我们不难发现大多数情况下其教学形式是一种平面式的教学方式，这种教学方式决定了汉语言专业基础教学必然是理论知识为主。这就和语言学教学的本质相背离了，因为语言来自生活，还要回归到生活中去。汉语言文学专业学习的就是人们在历史长河中总结生活词汇的过程，所以在教学过程中很容易忽视新一代学生对汉语言独特的感知和把握。

二、新媒体环境下汉语言文学教学所面临的机遇

虽然在新媒体环境下，汉语言文学受到了网络用语的冲击，受众地位和作用在逐渐降低，但是不能否认，新媒体的迅速发展也确实给汉语言文学教学带来了一定的机遇。

（一）利用网络资源丰富教学内容

现今，新媒体发展迅速，为了使汉语言文学教学能够跟上时代的发展步伐，那么在平时的教学过程中，一定要懂得利用网络资源来给自身进行一定的优化。我们也知道，在新媒体环境下，网络教学资源是极为丰富的，我们可以抓住这一点，利用网络资源丰富汉语言文学的教学内容，结合汉语言文学题材、教学目标等，以文字、图片、视频、动画等多种载体形式，将汉语言文学更加生动、形象地呈现出来，便于学生对其中的人物特点、故事背景等内容进行深层剖析。并将当下网络热点话题与汉语言文学教学相结合，使汉语言文学教学回归生活，帮助学生养成良好的汉语言思维方式，以及规范的用语习惯。

（二）利用网络资源创新教学方式

在新媒体迅速发展的今天，我们可以利用其进行教学方式的创新。在传统的教学中，老师一般都是采用板书教学，这样的教学方式虽然可以使学生跟上教学进度，但是由于文字的单调性以及教学方式的僵化，学生难免兴致缺失。为了改变这样一种现象，我们可以利用网络资源来进行微课教学。

（三）建立多元化多样化的教育方式

回顾以往的汉语言文学教学经历，我们可以发现，由于受到传统思想的束缚，

老师的教学方式一般都是采用传输—接收的"填鸭式"教学，偶有互动，也是浅尝辄止，这样的教学方式对调动学生学习兴趣以及凸显学生主体性地位有着不利的影响，甚至在一定程度上限制汉语言文学的发展。在这样的情况下，教学方式必须进行优化，利用网络资源使用多元化以及多样化的教学方式。

网络教学资源具有较强的可塑性，能够实现对汉语言文学教学课程的优化，通过调整教学内容结构和顺序，能够利用丰富的网络资源，使汉语言文学教学更加灵活多变，实现对教学空间的拓展和延伸。比如，在汉语言文学鉴赏教学中，可以让学生代替老师站在讲台上，暂时成为主讲人，借助网络丰富的资源做出自己的教案，进行班级讲授，讲授者在班级内随机挑选。通过这样一场实验性的课堂上下来，不仅能够增强学生的信息整合能力、文学鉴赏能力和语言表现能力，还可以让年龄偏高的讲师体会新生代学生的心理态势和语言系统，一举两得。

总的来说，想要在新媒体环境下不至于被淘汰，汉语言文学教学就必须要认清现状，并结合现状利用新媒体来对自身进行优化，通过这样的方式来推动汉语言文学教学的进步。

参考文献

[1] 王玥. 汉语言文学教育与教学方法的创新研究 [M]. 延吉：延边大学出版社，2022.

[2] 和勇. 汉语言文学专业课程教学研究 [M]. 昆明：云南大学出版社，2021.

[3] 蔡凌燕. 汉语言文学知识 [M]. 北京：高等教育出版社，2003.

[4] 党怀兴，程世和. 汉语言文学书目与治学 [M]. 西安：陕西师范大学出版总社有限公司，2013.

[5] 杜莲茹，何明，刘世剑，等. 汉语言文学基础 [M]. 长春：东北师范大学出版社，1999.

[6] 和勇，汤亚平. 汉语言文学教学研究论文集 [M]. 昆明：云南大学出版社，2009.

[7] 胡习之，朱丽婷. 汉语言文学专业人才培养与课程教学研究 [M]. 合肥：中国科学技术大学出版社，2015.

[8] 韩品玉. 汉语言文学专业学习全程指导 [M]. 北京：中国海洋大学出版社，2007.

[9] 曹志平. 汉语言文学专业教学研究与改革探索 [M]. 济南：山东大学出版社，2014.

[10] 田喆，刘佩，石瑾. 汉语言文学导论 [M]. 长春：吉林文史出版社，2019.

[11] 袁巧，孙荣. 基于微课模式的汉语言文学教学研究 [J]. 佳木斯职业学院学报，2023，39（07）：91-93.

[12] 左文斌. 高校汉语言文学教育的校园环境建设初探 [J]. 建筑结构，2023，53（12）：193.

[13] 李佩航. 新时期高校汉语言文学教学的创新实践 [J]. 中国多媒体与网络教学学报（上旬刊），2023（06）：205-208.

[14] 焦海艳. 汉语言文学对中华传统文化的传承研究 [J]. 文化创新比较研究，2023，7（14）：183-187.

[15] 李佩航 . 汉语言文学教学中的审美教育探析 [J]. 中国多媒体与网络教学学报（上旬刊），2023（05）：181-184.

[16] 刘保亮，丁琳慧 . 论汉语言文学专业"新文科"建设路径 [J]. 洛阳师范学院学报，2023，42（04）：76-79.

[17] 段湘怀，李腊枚 . 汉语言文学专业《国标》新内涵研究 [J]. 大众文艺，2023（08）：190-192.

[18] 李梅 . 融合优秀传统文化的汉语言文学发展路径探析 [J]. 中国民族博览，2023（07）：225-227.

[19] 刘蕊杏 . 专业认证背景下汉语言文学专业实践教学改革 [J]. 安顺学院学报，2023，25（02）：76-81.

[20] 蓝芳 . 新文科背景下汉语言文学专业实践课程改革 [J]. 安顺学院学报，2023，25（02）：82-87.

[21] 陈德惠 . 中国古代文学批评视域下的苏轼作品教学研究 [D]. 武汉：华中师范大学，2022.

[22] 胡朝阳 . 面向留学生的中国古代文学教学研究 [D]. 哈尔滨：黑龙江大学，2019.

[23] 赵英刚 . 地方本科院校转型发展中传统专业转型路径探究 [D]. 保定：河北大学，2017.

[24] 郭娜 . 基于文本大数据的汉语言教学素材推荐方法研究 [D]. 徐州：江苏师范大学，2017.

[25] 龙宇飞 . 本科留学生现当代文学课的教学研究 [D]. 沈阳：沈阳师范大学，2016.

[26] 赵宛婷 . 汉语国际教育背景下中国现当代文学课程教学调查与分析 [D]. 昆明：云南师范大学，2015.

[27] 梁慧萍 . 跨文化视角下的汉语言专业文化教学探讨 [D]. 南京：南京大学，2015.

[28] 岳萌 . 古代汉语网络教学平台应用现状研究 [D]. 沈阳：沈阳师范大学，2014.

[29] 姚锦莲 . 面向新课改的汉语言文学教育专业课程改革之研究 [D]. 桂林：广西师范大学，2014.

[30] 龙玲 . 基于汉语文化特征的中学语文知识教学研究 [D]. 西安：陕西师范大学，2012.